생명의 코드로
노자 읽기

생명의 코드로
노자 읽기

자유로운 영혼을 위한 100가지 이야기

카지마 쇼조 지음 | 윤현희 옮김

마로니에북스

영혼의 교감으로
노자의 목소리를 되살리며

이 책은 이나 계곡에 들어와 자연 속에서 살며 느낀 생각이나 글, 강연회 원고 가운데 일부를 추려서 엮은 것입니다. 여기에 실린 글에는 한 가지 공통점이 있습니다. 모두 '자유'에 대한 상념이 깔려 있는 점입니다. 그건 '나'라는 인간이 그렇게 형성되어온 때문이기도 합니다.

태어나 자란 환경은 꽤 자유가 허용된 분위기였습니다. 성장과정에서 자유가 몸에 배 있다보니 이십대 군대 시절에는 심한 속박에 반발해서 뛰쳐나오려고 할 정도였지요. 종전 후에는 저널리스트로서 도쿄에서 생활하다 미국으로 유학을 떠났고, 돌아와선 도쿄가 아닌 나가노의 신슈 대학에 자리를 잡은 것도 따지고 보면 좀 더 자유롭고 싶은 갈망 때문이었습니다.

사오십 대 때는 신슈와 요코하마 대학에서 영미문학을 가르치며, 처와 두 아이를 둔 평범한 가장이자 한 사람의 사회인이었습니다. 그러나 마음 어딘가엔 자유롭고 싶다는 욕구가 계속 자리 잡고 있었나 봅니다. 이 무렵에는 오쇼 라즈니쉬, 지두 크리슈나무르티 같은 동양의 선각자에게 마음이 끌렸고, 노자에 대한 영역본에도 관심이 많았습니다. 그 책들은 나를 사회적 통념이나 상식에서 벗어나게 했고, 내 안에 있는 나 자신에 대해서도 눈을 뜨게 했습니다. 또한 나 나름의 '진정한 자유'를 찾으러 이나 계곡으로 향하는 길에 용기를 불어넣어 주기도 했습니다.

나는 영역본을 통해 알게 된 노자에게 강한 인상을 받은 후, 뒤늦게 중국어 원본을 되짚어 읽으면서 가슴 저 아래에서 솟구쳐 오르는 상념을 억누를 수 없었습니다. 이때의 느낌을 고스란히 살려서 펴낸 책이 『타오-노자 타오는 道의 중국어 발음/역주』입니다. 『도덕경』을 읽으며 떠오른 시상을 81장 전장에 오롯이 담아 자유로운 구어체로 옮긴 것이지요. 나는 이 책에 이런 글을 남겼습니다.

'도덕경을 통해 노자를 만나는 일은 그 목소리를 듣는 일이다. 노자의 목소리를 듣는 일은 머리로 듣는 것이 아니라, 가슴으로 마음으로 나아가 온몸으로 듣는 일이다. 목소리는 숨을 통해 나오는 것이며, 숨은 살아있는 생명에서 나온다. 문자 속에서 숨 쉬고 있는 목소리를 알아듣는 일은 생명의 숨소리를 느끼고 이해하는 것이다. 나는 영문으로 번역된 '노자'에서 노자의 목소리를 알아들었고, 그것을 온전히 되살리려고 했다.'

도덕경을 시 운율에 맞춰가며 구어체로 옮기는 작업은, 노자의 사상과 심상의 거대한 소용돌이 속으로 깊이 침잠해 들어가는 일이었으며, 동시에 그 깊은 바닥에서부터 서서히 떠올라오는 일이었습니다. 떠오른 후에는 물 밖으로 나와 그 거대한 소용돌이를 바라보며 노자의 영혼에 닿았던 나 자신을 되돌아보았습니다.

그런 영혼의 울림이 이나 계곡에서의 나의 생각이나 일상에 자연스럽게 스며들어, 나는 어느 결에 노자적 사고를 하는 자신에 스스로 동화되었습니다. 어느 때는 내 생각이 정말 나 자신의 생각인지, 노자를 옮긴 나의 생각인지 분명치 않은 순간도 있었습니다.

나는 노자의 '도'에 깊이 공감하는 사람이고, 또한 어디에도 얽매이지 않고 진정 자유롭기를 원하는 사람입니다. 예전에 읽었던 라즈니쉬의 글 중에 이런 말이 기억납니다.

'만약 사랑이 당신에게 자유를 허용하지 않는다면, 그것은 진정한 사랑이 아니다.'

이런 자유의 참된 가치는 그 책을 읽던 당시보다 오히려 지금 더 절실히 다가옵니다. 자유를 향한 마음은 나이와 함께 더욱 깊어지나 봅니다.

'당신은 자유로우십니까?'라는 질문은 누구에게나 깊은 울림을 주지 않을까요? 자유에의 염원은 가슴속 깊은 곳의 호수 같아서 평소에는 고요하지만, 누군가 이 질문에 돌을 던지면 필시 커다란 파문을 일으키리라 생각합니다. 이 책을 읽는 당신에게도 자유의 파문이 물결처럼 밀려오기를 기대하면서.

만청관에서, 가지마 쇼조

생명의 코드로 노자 읽기

소소한 일상에서 느끼는
자유의 바람, 자유의 숨결

이 책을 만난 건 전혀 우연이었습니다.

얼마 전까지 자본주의 경쟁체제의 한복판을 치열하게 달렸습니다. 눈가리개를 한 경주마처럼 앞만 보고 달렸지요. 내 능력의 곱절이나 되는 노력을 쏟으며, 내게 허용된 모든 시간을 바쳐서. 그 시절, 힘든 고비마다 귓전을 때리는 소리가 있었습니다. 비워라! 버려라! 그때의 내 삶은 한껏 잡아당긴 활시위처럼, 여차하면 곧 끊어질 듯한 긴장감 속에 있었지요. 그럴 때마다 노자의 '비움'의 사유는 나 자신을 내려치는 죽비가 되어, 팽팽하던 내 삶의 한 귀퉁이를 조금씩 허물었습니다.

이제는 그 투쟁적인 삶에서 벗어나 다시 거울 앞에 섰습니다. 자본주의 경제논리에서 밀려난 뒤에 남는 것은 심한 열패감과 허탈감, 그리고 상실감이었지요. 그 무렵, 아마존의 도서사이트를 방황하던 나의 시야를 가로막는 것이 있었습니다. 아니 책보다 제목이 공허한 내 시선을 사로잡은 것이지요.

'아 유 프리?'

가타가나로 쓰인 세 마디 문장은 그대로 화살이 되어 내 가슴에 꽂혔습니다.

'당신은 자유로우십니까?'

물음표를 달고 말을 걸어오는 그 제목을 보자마자 내 가슴은 뛰었습니다. 자유! 대체 언제 적에 뇌리에서 사라진 말이던가, 얼마나 긴 세월동안 질주하는 생존 속에서 잊고 살았던 단어던가.

무턱대고 책을 구입했습니다. 그리고는 '나는 과연 자유로운가?'를 되물으며 책을 읽기 시작했습니다. 단숨에 끝까지 다 읽고는 또다시 가슴이 뛰었습니다. 이 책의 노자는 그때까지 내가 알던 노자가 아니었습니다. 놀랍게도 저자는 노자를 전혀 새로운 코드로 읽어내고 있었습니다. 노자를 통한 자유를 말하면서, 자유의 또 다른 이름으로 생명, 사랑, 기쁨, 아름다움, 부드러움……을 말하고 있었던 거지요.

그렇습니다. 노자의 자유는 그냥 자유가 아니었습니다. 자연 안에 깃든 생명 있는 것들을 살리는 생명작용으로서의 자유였습니다. 저자는 어찌, 그 심오하고 철학적인 노자를 생명을 살리는 존재로서 우리 곁에 데려올 수 있었을까요? 역시 시인인 저자의 문학적 안목이었을까요? 그렇다면 잠시, 그 궁금증을 풀기 위해 책속으로의 여정을 떠나보겠습니다.

우리는 자유라고 하면 거창하게 생각하는 듯합니다. 어떤 방해도 받지 않는 공간에서 마음껏 해방감을 느끼는 상태를 자유라고 생각하지는 않는지요. 그래서 자유를 찾아, 자유의 시간을 만들어 어디론가 떠나려 합니다. 그러나 이 책에서 저자가 말하는 자유는 다릅니다.

우리가 아름다움을 느낄 때, 맛있는 음식을 먹을 때, 하고 싶은 일을 할 때, 고요한 적막 속에 있을 때 자유를 느낄 수 있다고 합니다. 또한 우리가 어딘가에서 놓여나 마음이 편안함을 느끼는 상태를 자유라고 합니다. 상식에서, 고정관념에서, 지식에서, 거짓에서, 미움에서, 갈등에서, 욕심에서……. 우리 자신을 옭매고 있는 이런 의식에서 벗어날 때, 그 평화로움이야말로 진정 마음이 자유로운 상태라고 말하지요. 그러나 어느덧 우리 일부가 되어버린 이런 의식의 굴레에서 벗어나는 일이 말처럼 간단치는 않을 것입니다. 간단치 않은 일이기에 저자 자신도 이나 계곡으로 들어가, 자연에서의 삶을 선택한 건 아닐는지요.

그럼, 우리를 구속하고 있는 의식의 굴레에서 놓여나 자유로워지려면 어떻게 하면 좋을까요?

저자는, 우리가 자유롭기 위해 대단한 결심과 모험을 하라고 하지 않습니다. 소소한 일상에서, 스쳐가는 시간 속에서 얼마든지 자유의 바람과 숨결을 느낄 수 있다고 합니다. 그 순간을 놓치지 말라 하지요. 그러기 위해서는 우선, 자신에게 눈을 돌리라고 합니다. 자기 내면을 들여다보고 스스로 마음과 소통하라고 합니다. 그렇게 해서 진짜 '나'를 만나게 되면, 거기서부터 진정한 자유는 시작된다고 말하지요.

우리는 다양한 통신수단을 이용해 수많은 사람, 이름도 모르는 불특정 다수와 소통하는 시대에 살고 있습니다. 하지만 정작 자신과는 얼마나 대화하며 살고 있을까요. 또 길을 찾아갈 때면 친절한 내비게이션이 어느 방향, 어느 도로, 심지어는 골목길의 방지 턱까지 알려주며 목적지에 데려다 줍니다. 그러나 우리 마음이 갈 곳을 잃고 방황할 때는 과연 누가 우리의 손을 잡고 마음이 쉴 곳으로 안내해 줄까요.

우리는 매일 온갖 정념에 흔들리며 마음의 호수를 흐려놓습니다. 늘 이런저런 상념으로 뒤척이며, 때로는 격한 감정에 휩쓸려 호수 밑바닥까지 뒤집어 놓곤 합니다. 그러니 호수의 물은 늘 흐려 있을 수밖에요. 고맙게도 물은 가만 두면 제 스스로의 침전작용으로 다시 맑아지지요. 하지만 우리는 그 시간을 기다리지 못합니다. 조급하고 불안하여 참지를 못하지요. 저자는 그 점을 안타깝게 생각합니다. 마음이 이래서야 어찌 자유를 느낄 수 있겠는가, 하고요. 아니 저자는, 이런 인간에 대해 연민하는 노자의 안타까움을 대신 전하려 합니다.

이 책은, 자연에서 홀로 지내며 자기 존재의 의미를 찾으려 했던 저자가 노자의 도와 동행하면서 느낀 존재의 자유로움과 의식의 굴레에서 놓여나는 사유에 대해 이야기하고 있습니다. 이나 계곡에서의 삶과 사유, 도를 느끼는 체험들이 『도덕경』의 지혜와 더불어 이 책속에 고스란히 담겨 있지요. 도는 어렵지 않다, 멀리 있지 않다. 자연에 있고, 우리 안에 있고, 생활 속 어디에도 깃들어 있다고 되풀이해서 강조하지요. 우리가 그 길을 찾아 도의 넓은 품안에서 자유로워지기를 간절히 바라는 것이지요.

영문학자로서 동·서양의 사상을 두루 섭렵한 저자는 산속에서 홀로 노자의 도를 체득하고 체화하는 삶을 살며 적지 않은 노자와 관련된 책을 펴냈습니다. 동시에 자연 속에서 도를 느끼며, 도를 구현하는 다수의 시와 그림을 발표하며 개인전을 여는가 하면, 노자 강연을 다니는 등 자유로운 삶을 살았습니다. 그로해서 일각에선 저자를 '가지마 쇼조'가 아닌 '가지마 노자'라고 부르기도 합니다.

나는 이 책을 우연히 만났습니다. 그러나 저자의 사유가 이끄는 대로 노자의 도를 느끼며 번역을 마치고 나니, 이것은 우연이 아니었습니다. 운명이 짐짓 '우연을 가장한 필연'을 내게 행운처럼 안겨준 것이라는 생각이 들었습니다. 가슴 속에 늘 노자를 떠올리고 살았던 인연으로 이 책을 만나 번역을 끝내기까지 거의 일 년이라는 시간을 노자와 함께 했습니다. 그러는 사이 어느덧 나의 상실감은 희미해졌고, 그 자리를 자유로운 상념들이 채워가고 있습니다. 아주 자연스럽게.

독자 여러분도 '가지마 노자'의 사유 속으로 들어가, 존재의 자유로움을 찾아가는 여정을 떠나 보시지 않겠습니까. 그 길에서 저자와 함께 보고 느끼고 생각하다보면, 필경 소소한 일상에서 느끼는 자유로움이 여러분에게도 어느 결엔가 자연스럽게 스며들지 않을까요.

윤현희

차례

1
마음으로 느끼는 자유,
가슴으로 느끼는 두근거림

나는 어려서부터 누가 '너, 이렇게 해라'라고 하면, 기어이 그 반대쪽으로 가버리던 아이였다. 아마도 내가 인생에서 가장 중요하게 생각하는 '자유'라는 개념이 철없던 시절부터 막연히 마음속에 있었던 건 아닌가 싶다. 특별히 어른 말에 어깃장을 놓는 말썽쟁이는 아니었다. 고분고분하고, 싸움도 잘하지 않는 아이였다. 다만, 누가 무슨 말을 하면 그것과 반대로 하는 것이 자유라는 바보 같은 생각을 했던 것 같다.

그처럼 내가 소중히 해온 '자유'라는 말은 영어로 하면 '프리덤freedom'이다. 영어에는 '자유'에 해당하는 단어가 두 가지 있는데, 억압된 환경에서 해방된 경우에 쓰는 리버티liberty와 환경적 요인과는 상관없이 스스로의 상태가 자유로울 때 쓰는 프리덤freedom이다. 사람들은 대체로 이 두 단어를 구분 없이 쓰고 있어서 일반적으로 '자유'라고 할 때는 두 가지 개념이 섞여 있는 듯하다.

젊은 사람들에게 자유는 주로 리버티일 것이다. 자신을 둘러싼 지금의 환경에서 어떻게 탈출하여 해방되는가 하는 것이 관심사이기 때문이다. 그러다 나이가 들면서는 차츰 프리덤 쪽으로 마음이 기우는 게 일반적인데, 동양인의 경우는 그렇지도 않은 것 같다. 아마도 프리덤이 자연스럽게 몸에 배어 있어서가 아닐까 싶다.

프리덤이란, 현상을 '예스'로 받아들이는 데서 시작된다. 우리에게는 '그만하면 됐잖아, 그런 걸 뭘 일일이 따지고 그래?'라는 심리가 저변에 깔려 있는 것 같다. '알았어. 그 정도로 해두자고'라는 식으로 말이다.

반면 지금의 상황을 타개하고 다음으로 또 그 다음으로 자유의 영역을 넓히며 가일층 리버티를 추구하는 것이 서구인의 사고방식이다. 그런 서구인의 눈에는 무슨 일에서든 '예스, 예스'라며 상황을 긍정적으로 받아들이는 동양인의 소극적 태도가 잘 이해되지 않는 것 같다. 사실 이런 점은 동양인의 타고난 장점이지만, 이 사실을 의식하고 있는 사람은 많아 보이지 않는다.

그렇다고 우리가 도량이 넓어서, 무조건 현실을 인정하고 모든 것을 잘 받아들인다는 말은 결코 아니다. 우리도 고된 직장이나 힘든 가정으로부터 도망치고 싶어 한다. 그러다가도 얼마쯤 바라던 일이 이루어지면 그걸 또 기쁘게 받아들인다. 대단한 자유 혁명을 바라는 것이 아니다. 나만 해도 내 환경에서 아주 조금만 벗어나려 했을 뿐이고, 지금까지 그렇게 하고 있다. 그리고 그안에서 충분히 자유를 느끼고 있다. 이렇게 작은 자유속에서 자신을 즐기는 것,

생명의 코드로 노자 읽기

그것이 진정 프리덤을 느끼는 방법이다.

'당신은 자유로우십니까?'라는 물음은 '마음으로 자유를 느끼십니까?', '가슴으로 설레는 두근거림을 느끼십니까?'라고 묻는 것이다. 그것은 상상할 수 없을 정도로 깊은 내면에서 우러나오는 자유에 대한 물음이다.

2
소중한 것과의
우연한 만남

이번에는 자기소개 겸해서 나 자신의 이야기를 해볼까 한다. 나는 영문학을 전공하고 삼십대부터 오십대까지 대학에서 영미 문학을 강의했다. 그 사이 영미 언어권의 사전을 편찬하고, 문학 작품 번역도 틈틈이 해왔다. 오십대에 접어들면서는 그림을 그리기 시작했다. 그리고 나이 육십을 넘기고서야 노자를 만났다. 『도덕경』을 통해서다.

『도덕경』은 2,500년 전 중국에서 노자라는 인물이 쓴 일종의 삶의 지침서이면서 사상서라 할 수 있는데, 지금의 내게는 시詩이며 경전經典과도 같다. 그전에도 몇 번 읽어본 적은 있으나 뭐가 뭔지 잘 와 닿지 않았다. 그런데 육십이 지나고 나니 비로소 노자가 하나의 완전체로서 이해되기 시작했다.

생명의 코드로 노자 읽기

이러한 변화는 나 자신이 전혀 의도했던 바가 아니다. 여기에는 바로 '우연한 만남'이 있었다. 영어로는 '인카운터encounter'라고 하는데, 새롭거나 뜻밖의 대상과 우연히 만난다는 뜻이다. 나는 노자와의 우연한, 그러나 아주 소중한 만남으로 삶의 방향이 완전히 바뀌었다.

내가 노자와 만난 것은 역설적이게도 영문학을 한 덕분이다. 영역본으로 된 노자를 읽고는 자석에 끌리듯 강한 느낌에 사로 잡혀 번역을 시작하게 되었고, 그것이 책이 되어 나왔다. 만약 내가 중국문학 학자이고 한문 원전으로 노자를 읽었더라면 아마 이런 '우연한 만남'은 일어나지 않았을지 모른다. 일본어로 읽을 때조차도 도통 무슨 말인지 이해가 되지 않았으니까.

동양에서 태어나 자란 사람이 20세기 서양 문명의 첨단 언어인 영문학을 공부하고, 그 영어를 통해서 결국 동양의 노자에게로 돌아왔다. 말하자면 한 바퀴 원을 그리고서 돌아온 셈이다. 이런 사실 자체가 나로서는 전혀 예상치 못한 불가사의한 일이다. 내 인생에 그런 반전이 있으리라고는 꿈에도 상상하지 못했으니까.

이처럼 우연한 만남은 누구에게나 찾아 올 수 있다. 만남이라는 의미를 극단까지 밀고가 보면 그 끝에는 죽음과의 만남이 있을 것이다. 죽음이란, 나라는 존재의 생生과 사死가 마지막으로 '만남'을 갖는 지점이다. 그때까지는 뜻밖의 우연한 만남이 수도 없이 다양한 형태로 찾아올 것이다.

사람은 살아가는 동안 생각지도 못한 새로운 경이를 끊임없이 경험한다. 인간이란 그런 일이 얼마든지 가능한 존재다. 항상 어떠한 '만남'도 받아들일 수 있다는 열린 마음으로 살아간다면 우리는 인생에서 보다 많은 경이로움을 맛볼 수 있을 것이다. 이 점이 우리 인생에서 가장 흥미로운 대목이 아닐까 생각한다.

3
큰 것을 바라지 않는다.
살아있다는 느낌만으로도 충분하다

이나伊那 계곡의 내가 거처하는 오두막에선 남 알프스와 중앙 알프스의 능선이 한눈에 바라다 보인다. 특히 맑은 날 새파란 하늘을 배경으로 하얀 산들이 즐비하게 솟아있는 수려한 모습은 참으로 장관이다. 그래서 집으로 놀러온 이웃들에게 산을 가리키며 연신 감탄사를 연발한다.

"저것 좀 봐, 멋지지 않아요?"

그러면 그곳 주민들은 맞장구칠 마음이 없는지 심드렁하게 대답한다.

"그래요? 매일 보니까, 뭐, 별로⋯⋯."

하긴 그렇기도 하겠다. 그 고장 사람들이 나처럼 툭하면 산을 올려다보며 감탄하고 서 있다면 일이 제대로 되겠는가. 그런데 그 사람들이 이번엔 내게 이렇게 말한다.

"일전에 요코하마에 다녀왔지요. 헌데 그 '베이 브리지'라는 다리 있잖아요, 참말 대단하더구먼요."

나는 꽤 오랫동안 요코하마에 살았고, 베이 브리지도 가까이에서 실컷 봐왔던 터라 '뭘 그까짓 거' 하는 마음이 없지 않다.

이처럼 우리는 자기에게 없는 무언가에 대해 놀라움과 경이를 느낀다. 그리고 놀라움을 느낀다는 것은 자기 속에 없는 어떤 것을 받아들이려는 열린 마음이 있다는 증거다.

사람들 중에는 외부의 것을 순순히 잘 받아들이는 사람이 있다. 그것도 하나의 능력이다. 외부의 것을 잘 받아들인다는 점 이면에는 무언가에 대한 논리적·합리적 판단이 미숙하다는 약점이 있을 수 있다. 그런 사람들은 미지의 것을 만났을 때 좋은지 나쁜지, 재미있는지, 시시한지, 느낌이 어떤지 물어보면, '글쎄, 그것까지는 잘 모르겠는데……' 하는 식으로 얼버무리기 일쑤다. 그런 모호한 태도 때문에 비판을 받기도 하지만, 개인적으로는 그런 성향을 나쁘다고만 보지 않는다. 어떤 새로운 것에 이성적 판단을 덧붙이지 않고 일단 받아들이는 태도는 오히려 권장할 만하다.

자신에게 없는 무언가와 만나는 일은 매우 소중한 경험이다. 자신이 가진 것만을 기준으로 주위를 판단하면 자기중심의 좁은 눈으로만 사물을 보게 된다. 또한 그런 좁은 세계에 계속 머무르는 것은 자신의 능력이나 가능성을 스스로 제한하는 결과밖에 되지 않는다. 우물 안 개구리가 괜히 우물 안 개구리겠는가.

다양한 것을 받아들이려는 마음만 있다면, '놀라움과 경이로움'은 죽을 때까지 지속될 수 있다. 인도의 구루Guru 가운데 남다른 깨달음의 경지에 오른 사람은 '인생 최대의 경이는 죽음'이라고 말한다. 죽음조차도 두려워하지 않고, 죽음과의 만남이 얼마나 놀라움에 가득 찬 경이일지 기대하는 정신세계란 과연 어떤 경지일까. 정말 흉내도 못 낼 상상력이요 호기심이라 하지 않을 수 없다.

'놀라움의 감수성' 즉 작은 일에도 감동할 수 있는 마음을 계속 유지한다면 우리는 쉽게 늙지 않는다. 반대로 아무리 나이가 젊어도 놀라움이 없는 사람은 감히 늙은이라고 해도 좋다. 아이들이 매사 놀라움으로 가득 차 있는 것을 보면 실로 눈부시지 않은가. '놀라움의 감수성'이란 의식적으로 만들어 가질 수도, 누가 가르쳐줄 수도 없다. 어쩌면 하늘에서 부여한 능력인지도 모른다.

그러나 우리처럼 오늘과 비슷한 내일이라는 평범한 일상을 살아가는 사람들은 아주 잠깐씩이라도 놀라움을 느끼며 살 수 있다면, 그것으로 족하다. 비관적인 정치 담론이나 종말론적 허무주의에 사로잡힐 필요는 없다.

'오늘, 내일, 모레가 충실하다면, 다음날도 그 다음날도 충실할 것이다'라는 소박한 믿음을 간직하고 사는 것으로 충분하다. 크고 대단한 것을 느끼라는 말이 아니다. 일상 속에서 손발을 바쁘게 움직이다가도 문득 멈춰 서서, 자기 자신에게 잠깐씩 놀라움을 안겨주자.

'지금, 여기 있다'라는 경이로움을.

그렇다! 지금을 산다는 것은 지금 이 순간의 느낌을 소중히 하는 것이며, '지금, 여기 있다'는 것에 대한 놀라움은 자기 존재를 인식하는 일이다. 자신의 존재감을 느끼며 있는 그대로의 자신을 받아들일 때, 우리는 본래의 자기로 돌아갈 수 있다. 이것이 바로 이 나 계곡에서 혼자 지내며 내가 최초로 느낀 경이로움이다.

여기에 한 가지 덧붙이고 싶은 것이 있다. 그런 '경이로운 마음'을 어떻게 '내 것'으로 만들 수 있는가는 '구별하지 않는 마음'에서 온다. 자신과 타인의 구별, 누구와 누구의 구별, 무엇과 무엇의 구별, 이러한 구별은 사람을 경이로움에서 멀어지게 하는 첫 번째 장애물이다. 경이로움이란 대상과의 합일이다. 구별하려는 마음이 있으면 거기에는 '좋음과 나쁨', '깨끗함과 더러움', '너와 나' 같은, 매사를 가르려는 판단이 생긴다.

물론 세상을 살아가는 일에 판단은 중요하다. 하지만 혹시 당신의 마음속에 인종차별의 마음이 있다면 피부색이 다른 사람의 아름다움을 발견하지 못할 것이다. 어떤 나라에 대한 편견이 있다면 그 나라 사람의 우수한 점을 놓칠 것이다. 계급 의식이 있다면 자기와 처지가 다른 사람들과 쉽게 어울리지 못할 것이다.

놀라움에는 구별이 없어야 한다. 구별 없는 마음만이 진정한 경이로움을 만날 수 있다. 그런 경이로움은 당신의 지루한 일상에 신선한 한줄기 바람을 불어넣어 줄 것이다.

4
우리는 왜
이름 있는 것들만 보려고 할까

이것을 도라고 말한다 해서

그것이 진정한 도가 아니다

이것에 도라고 이름 붙인다고 해서

그 또한 진정한 도가 아니다

왜냐하면, 그것은

도라고 말하거나

이름을 붙이기 훨씬 전부터

이름도 없는 도의 세계가

저 너머에 아득히 펼쳐져 있었다

애초에

이름 없는 세계가 있었다
그 이름 없는 세계에서
하늘과 땅이 나오고
하늘과 땅 사이에서
수만 가지 이름 있는 것들이 생겨났다
때문에 하늘과 땅은
이름 있는 모든 것의 어머니다.

그런데
이름 있는 것에 욕심이 생기고
일단 욕심이 붙고 나면
사물의 겉모습밖에 보지 못한다
욕심을 버려야 비로소
사물의 참모습을 볼 수 있다

이름 있는 세계와
이름 없는 세계는 같은 뿌리에서 나온다
다만 이름이 있고 없고의 차이가 있을 뿐이다
이름 있는 세계 저 너머에
이름 없는 세계가
아득히 펼쳐져 있다
밝음과 어둠이 뒤섞인 세계가

생명의 코드로 노자 읽기

그 너머에 아득히 펼쳐져 있다
또 그 너머에도……

신비롭고 오묘한 도는
삼라만상이 나오는 문이다
이 신비의 문이야말로
참 생명이 들고나는 문이다

　이 글은 노자의 『도덕경』 중, 노자 사상의 총론이라고 할 수 있
는 제1장을 내 방식으로 옮겨본 것이다. 5,000자에 불과한 『도덕
경』은 2,500년의 시간을 거치면서 수많은 주석과 해설을 낳았는
데, 사람마다 해석과 평가가 제각각이라 그야말로 '귀에 걸면 귀걸
이, 코에 걸면 코걸이'인 경우가 많다. 특히 첫 장인 이 장만 잘 이
해해도 『도덕경』의 절반을 이해했다고 할 정도로 심오하고 난해하
다. 그런데 이 제1장에 나오는 '이름 있는 세계'와 '이름 없는 세계'
라는 발상 자체가 대단한 예지이자 투시력이 아닐 수 없다. 노자는
이미 사람 사는 세상뿐 아니라 우주에 대해서도 뛰어난 통찰력을
지니고 있었던 것이다. 그것도 2,500년 전에 이처럼 우주만물의 이
치를 꿰뚫어 보았다니 그저 놀라울 따름이다.
　우리는 항상 이름이 붙은 것에만 관심이 있다. 이름이 붙지 않
은 세상 따위는 꿈조차 꾸려 하지 않는다. 그런데 노자는 이름 있
는 세계와 이름 없는 세계를 직관으로 통찰하고, 우리가 이름 붙은

것에만 욕심을 부리는 행태를 지적하며 이름 없는 세계의 존재를 알려준다. 얼마나 대단한 선견지명인가.

노자가 말했듯 이름 있는 것에는 욕망이 따라붙기 마련이다. 그런데 일단 욕심이 붙으면 사물의 겉모습밖에 보지 못한다. 그러니 때로는 욕망으로 가득 찬 현실에서 눈을 돌려 세상 너머의 저 이름이 없는 영역으로 눈길을 돌려보자. 하늘과 땅이 맞닿은 지평선 어디에선가 또 다른 진실이 우리를 기다리고 있을지 누가 알겠는가.

'이름 없는 세계'를 원문에서는 현玄으로 쓰고 있다. 내 번역문에서는 좀 길게 표현했지만, 원래는 '현지우현 중묘지문玄之又玄, 衆妙之門'이라고 간단하게 쓰여 있다. 학자들은 특히 이 오묘한 존재의 근원을 암시하는 구절에 방점을 찍고 다각도로 연구하고 있지만, 이 광대무변한 신비의 방향성에 대해서는 아직도 설說이 구구할 따름이다.

도의 이치는 종교를 뛰어넘어 두루 통하는 데가 있으면서, 동시에 종교적인 강제력 같은 것은 없다. 단지 하나의 커다란 관점을 제시하고 있다는 점에서, 오늘날 세상 사람들에게 신선한 충격과 함께 신비로운 경이로 다가온다.

5
지금 왜
다시 노자인가?

우리가 사물을 인식하는 방식에는 가로의식橫意識과 세로의식縱意 識이 있다. 풀이하자면 '가로로 넓게, 세로로 깊게' 생각하는 방식 을 말하는 것이다. '동양은 이렇고, 서양은 저렇다'라고 하면 세로 로 잘라서 깊게 접근하는 세로의식이고, '동양에서도 이렇고, 서양 에서도 이렇다'라는 경우는 옆으로 넓게 공통점을 찾아가는 가로 의식이다.

　'살아있다'라는 인식은 가로의식의 전형이라 할 수 있다. 그렇 다. '지금 우리 모두가 살아있다'라는 인식을 갖는 것이 인간 존재 를 이해하는 첫 번째 원칙이자, 출발점이다. 그런 관점에서 일찍이 노자는 '살아있는, 지금의 자기를 어떻게 볼 수 있을까?' 하는 점을 아주 구체적으로 생각한 인물이다. 그렇게도 형이상학적인 '현玄'

의 심오한 이치를 논하면서도, 실제 '인간이 살아가는' 문제에 있어서는 어쩌면 그렇게 투철한 현실 감각으로 말할 수 있는지, 바로 그런 부분이 남들이 따라갈 수 없는 노자의 뛰어난 점이다.

'지금 자신이 살고 있는 삶'이란 욕심이 있으면 보이지 않는다고 노자는 말한다. 그리고 '보이지 않는 부분'이 보이게 되는 순간은 물질적 욕망에서 벗어났을 때라고 한다. 물질에 대한 욕망에 사로 잡혔을 때는 욕심에 눈이 가려 자신의 참모습을 보지 못하는 법이다. 그런 삶을 사는 사람은 인간이 아니고 살아있는 기계다.

이러한 생각이 노자의 가로의식이다. 지금 서구 사람들에게 노자가 가장 인정받고 있는 부분이기도 하다. 어떤 의미에서 서구인들은 상당히 의식적이다. 단, 그들이 의식하는 것은 '그것이 쓸모가 있는가', '목적이 무엇인가', '어떤 의미가 있는가'라는 것으로 대부분이 목표 지향적이다. 이런 목표를 향한 목적의식은 인간 누구나가 갖고 있는 보편적인 것이다. 그 보편적 사실의 공통점을 놓치지 않은 혜안이 바로 우리가 노자에게로 눈을 돌리는 이유다. 그 같은 목적의식에서 벗어나기 위해서.

이처럼 목표를 향한 목적의식에서 벗어났을 때, 우리는 인간으로서 진정 살아있는 의미를 볼 수 있다. 하지만 '나는 이런 목적으로 이렇게 하고 있다'라고 자신을 들여다보는 것에 그쳐서는 안 된다.

그런 경우는 목표를 잃어버리는 순간, 자기 자신도 잃어버리게된다. 노자의 이런 사유는 이른 바 '지혜'라 부르는 것이다. 부처도 비슷한 말을 했다. '욕망이라는 것 때문에 인간은 미망에 사로잡히

생명의 코드로 노자 읽기

므로 욕심을 버려라'라고. 인간 욕망의 어리석음을 강하게 질타했던 것이다.

그러나 노자는 좀 더 쿨하다. '우리 인간이라는 존재는 어차피 모두 욕망을 가지고 있다, 그러니 무턱대고 욕망을 버리라고만은 할 수 없다'라고 말이다. 욕망을 갖는 것은 괜찮지만, 그것을 이루고 나면 그만 거기서 멈춰라. 그리고 기꺼이 거기에서 되돌아 나오라. 채움과 비움의 이치다. 채움과 비움이 자유로울 때 열리는 또 다른 세상을 보라는 뜻이다.

이처럼 노자는 대단한 리얼리스트다. 일반적으로 생각하는 몽상가적 은둔자가 결코 아니다. 단, 리얼리스트이기는 하나 심오한 깊이를 가진 현실주의자다.

6
무위란
작위하지 않는 것이다

무위無爲라는 것에 대해 생각해 보자. 무위란 이해하기 쉽지 않은 개념이다. 글자 그대로라면 아무 것도 하지 않는다는 뜻인데, 그것처럼 따르기 힘든 말이 어디 있겠는가. 우리는 일상에서 어떤 식으로든 행위를 하며 살아간다. 아무 것도 하지 않는다면 돈을 벌 수도 없거니와 사회생활도 제대로 할 수 없다. 남들한테는 게으름뱅이라고 손가락질 당할 게 뻔하다. 이래저래 손해 볼 일투성이다. 그런데도 노자는 왜 '무위하라'는 말을 했을까? 어려운 말로 설명하기 보다 내 자신이 경험했던 일을 이야기해 보겠다.

　나는 요코하마에 살고 있었는데 그 집을 무척 좋아했다. 역이나 번화가에서 가까우면서도, 차가 다니지 않는 좁다란 길을 따라 내려간 해안가에 자리 잡아 아주 조용했다. 주변에는 나무도 제법

생명의 코드로 노자 읽기

울창했다. 나처럼 세상사에서 얼마간 비켜선 인간에게는 더할 나위 없는 안성맞춤의 장소였다.

그런데 어쩌다, 하필이면 우리 집 바로 위쪽이 주택 조성지로 채택되면서 집 주변이 분주해졌다. 차도를 내려는지 우리 집 앞까지 굴삭기가 쉴 새 없이 들락거렸다. 그러더니 기어코 일을 내고 말았다. 내가 그렇게 아끼던 목련 나무가 잘려나간 것이다. 나는 울고 싶은 심정으로 그 광경을 지켜볼 수밖에 없었다. 이제 그만 이나 계곡으로 떠날 때가 온 것이라는 생각이 들었다. 결국 그해 여름 요코하마 집을 정리하고 이나 계곡으로 들어왔다. 그런데 이번에는 이나 계곡의 나의 오두막집 옆쪽으로 길을 낸다며 굴삭기가 등장했다. 길 끄트머리에 자그마한 숲과 언덕이 있는데, 거기를 헐어내고 송전소를 만들기 위해서라는 것이다.

나의 오두막집 마당에는 여러 종류의 나무가 있는데, 커다란 매화나무 두 그루가 유독 눈길을 끈다. 그 매화나무 아래로는 산다화가 자리 잡고 있었다. 그런데 산다화가 점점 자라면서 매화나무에 가려 햇빛을 잘 받지 못했다. 나는 안쓰러운 마음에 기회를 봐서 양지 바른 곳으로 옮겨주고 싶었다. 그때 마침 생각난 것이 집 앞을 지나다니던 굴삭기였다. 나는 굴삭기 기사에게 말을 넣어보았다. 굴삭기 기사는 흔쾌히 그러겠노라고 했고, 나는 속으로 '옳다구나' 쾌재를 불렀다. 보통은 굴삭기 한 번 부르는 데만도 거금이 들어가니까.

그래서 굴삭기 기사에게 일을 맡기고 타지에 볼일이 있어 집을 나왔다. 일을 마치고 돌아와 보니 산다화는 양지 바른 곳에 옮겨 잘 심어져 있었다. 그런데 자세히 들여다보니 잎사귀들이 조금 시들시들했다. 가슴이 철렁 내려앉았다. '내가 쓸데없는 짓을 했구나' 싶었다. 그 후로 아주 열심히 물을 주고 있지만, 매일매일 녹색의 잎은 줄어들면서 갈색 잎이 늘어나고 있다. 지금은 매우 위태로운 지경이다.

결국 내가 한 일은 무위와는 정반대되는 짓이다. 요코하마에서 굴삭기의 가당찮은 행태를 여지없이 봐온 마당에, 이번에는 '돈 몇 푼을 아끼려고' 제 손으로 굴삭기를 불러들이다니. 지금 나는 잘난 체하며 이런 이야기를 늘어놓고 있지만, 실은 그 정도밖에 안 되는 인간이다.

노자의 무위란 이런 식의 작위作爲를 하지 말라는 것이다. 그러면 작위를 하지 않으려면 어떻게 해야 할까. 원시인처럼 살라는 말인가? 그럴 리가 있겠는가. 우리 문명인은 모든 작위 속에서 살고 있다고 해도 과언이 아니다. 그렇지만 거기에는 어느 만큼의 허용치라는 게 있기 마련이다. 우리는 자신이 매사 작위 속에서 살고 있다는 사실을 자각할 수 있다. 이런 자각은 인간이 가진 우수한 능력 중 하나다.

노자의 해설본을 쓴 미국의 어느 여성이 '무위란 만물에 내재된 리듬을 따라서 행하는 것이다'라고 했다. 그렇다! 산다화는 만물의 리듬에 따라 매화나무 그늘이라는 조건 하에서도 자기 나름의 방식으로 꿋꿋이 살아갈 수 있었을 것이다. 그런데 내가 쓸데없이 굴삭기 같은 기계를 동원해서 폭력적으로 옮겨 심은 탓에 산다화는 지금 죽어가고 있다. 인간이 행하는 작위의 섬뜩함을 보여주는 좋은 예가 아니겠는가. 만일 내가 산다화에 내재된 생명의 리듬을 조금이라도 살폈더라면 때맞춰 가지치기를 잘해준 다음, 겨울철에 살짝 옮겨 심었을 것이다.

무위란 '아무 것도 하지 말라'는 말이 아니다. 노자는 작위의 병폐를 익히 알고 있었기에 일상 속에서 작위라는 것이 얼마나 무분별하게 행해지고 있는가를 살펴보라고 한 것이다. 인간이 그런 사실을 깨달을 때, 세상은 좀 더 평화롭고 행복해질 수 있다는 사실을 2,500년 전에 노자는 이미 알고 있었던 것이다.

7
약하고 부드러운 것이
강한 것이다

나의 오두막집에는 자그마한 마당이 있다. 사, 오월이 되면 여기저기서 풀이 마구 자라나 감당이 안 된다. 나 혼자로는 힘에 부쳐서 사람을 부르는데, 이럴 때 동원되는 기구가 풀 깎는 기계다.

사람을 부르기 사, 오일 전부터 아침이면 유난히 꿩이 울었다. 아침 다섯 시 무렵부터 정오가 다 되도록 울다가, 저녁이 되면 또다시 울었다. 마당 저편, 유난히 풀이 무성한 덤불숲에서 소리가 들려왔다. 그래서 풀을 베러온 인부에게 "꿩이 있을지 모르니 조심해요" 했더니, "꿩은 도망가지 않는답니다" 했다. 알을 품고 있는 꿩은 아무리 가까이에서 기계가 큰 소리로 부릉부릉 거려도 절대로 도망가지 않는다는 것이다. 그래서 그만 꿩의 발이 잘려나간 적도 있다는 끔찍한 경험담을 들려주었다.

그 말을 들으며 문득 생각했다. 약한 것, 부드러운 것은 풀 깎는 기계 같은 단단한 것에 상처를 입을 수 있겠지만, 그래도 약한 것이 오히려 강하다는 생각이 들었다. 왜냐하면, 그 약한 꿩이 품던 알은 언젠가는 부화해서 한 마리의 꿩이 될 것이다. 그리고 언젠가는 어미 꿩이 했던 것처럼 똑같이 알을 품을 것이다. 그리고 혹시 풀 깎는 기계가 나타나더라도 여전히 그 자리를 지키며 떠나지 않을 것이다. 그래서 알은 안전하게 보호되고 그런 일들이 쭉 이어진다. 그러다 보면 풀 깎는 기계는 녹이 슬어 결국 수명을 다하겠지만, 꿩의 생명은 계속 이어질 것이다.

노자가 약한 것이 강하다고 한 것은 바로 그런 이치에서였구나. 생각이 여기에 미치자 내 가슴에 잔잔한 물결이 이는 것을 느낄 수 있었다.

지금 우리가 사는 세상은 치열한 경쟁사회로 강한 것이 이기는 것을 당연하게 여긴다. 그러나 약한 것, 부드러운 생명에 깃들어 있는 약한 것이 그것을 파괴하는 억세고 강한 것들보다 훨씬 강하고 생명력이 있다는 사실을 노자는 반복해서 말하고 있다. 물은 부드럽지만 어떤 강한 것이라도 밀어서 흘러 보낼 수 있다는 식의 다양한 표현으로 말이다.

또한 노자는 여성이 지닌 자애로운 품성에 대해서도 여러 예를 통해서 깨우쳐주고 있다. 대단한 페미니스트라기보다는, 인간은 여성이 없으면 생명을 이어갈 수 없음을 전국시대라는 시대적 상황 속에서 깊이 깨달았을 것이다. 중국의 춘추전국시대라 하면 어떤 시대인가. 세계대전을 두 번이나 치른 20세기 전반과 비슷하거나 어쩌면 더 극심한 혼란 상태였을 것이다. 장장 4, 5백년이나 이어진 전란시대가 아니었던가. 그런 시대에 여성의 부드러움이야말로 강한 것이라는 역설적인 진실을 터득했다니, 노자의 사유가 얼마나 깊은 성찰을 통한 것인지 짐작할 수 있다.

노자는 말한다. 약하고 부드러운 것이 강한 것이다. 딱딱한 것은 말라서 부러지면 죽음으로 이어지지만, 부드러운 것은 유연하고 낭창낭창해서 생명으로 이어진다고.

노자만큼 지성을 통하지 않은 그 무엇으로 자신의 생각을 전한 철학자는 어디에도 없다.

8

욕망과 공포 사이에서
우왕좌왕하고 있다

노자보다 200년쯤 뒤에 장자라는 인물이 있었다. 그 장자 이야기 중에 이런 재미있는 것이 있다.

자기 그림자가 너무 신경이 쓰여서 괴로운 한 남자가 있었다. 그 남자는 자기 발자국 소리가 들리는 것에도 신경이 거슬렸다. 그림자와 발소리가 일 년 내내 따라다니는 통에 견딜 수 없었던 남자는 거기서 벗어나기 위해 무슨 짓이든 하고 싶었다. 어느 날 그는 큰 결심을 하고 무작정 달려보기로 했다. 힘껏 달리다보면 그림자도 발소리도 지쳐서 나가떨어지겠지 하고 말이다. 그래서 있는 힘을 다해 달리기 시작했다. 그러나 아무리 달려도 그림자는 뒤뚱거리며 따라오고, 발소리도 쿵쾅거리며 빠르게 쫓아오고 있었다. 남자는 더욱 더 속력을 올리며 달리다 끝내는 기진맥진해서 숨이 끊어져 버렸다.

이 이야기를 하던 장자는 마지막에 이런 말을 덧붙였다. 그 남자가 잠시 나무그늘에 들어가 쉬기만 했더라면 그림자도 발소리도 따라오지 않았을 것을, 그것도 모르고 무작정 달리기만 했으니…… 거기까지만 덧붙이고는 교훈 비슷한 말 같은 건 남기지 않았다.

이 이야기를 읽는 동안, 문득 이런 생각이 들었다. 여기서 말하는 자기 그림자란 인간의 욕망이 아닐까 하고. 욕망이라는 놈은 어디를 가도 끈질기게 따라붙는다. 그리고 발소리는 아마도 공포가 아닐까 하는 생각도 들었다. 공포라는 놈도 인간이 무서워 떨면 떨수록 더 숨통을 조여오기 마련이다.

우리 인생에서 청년기부터 장년기까지는 끊임없이 자신의 그림자와 발자국 소리에 쫓기는 시기가 아닐까 싶다. 모두가 너도나도 등 뒤에 그림자를 지고 달리고 있으니, 잠시 쉬었다가는 언제 추월당할지 몰라 불안하지 않을 수 없다. 또한 마음을 다스리려고 여기저기 기웃거려 봐도 막연한 불안감과 두려움은 해소되지 않는다. 그러나 달리 방법이 없다. 어차피 경쟁사회란 그런 것이니까. 이렇게 모두가 사회라는 커다란 우리 안에 갇힌 채, 욕망과 공포 사이를 우왕좌왕하며 살아가는 것이 오늘의 우리들 모습이 아닐는지. 나 또한 그랬으니까.

그렇다면 거기서 빠져나올 방법은 없는 것일까.

우리는 어려서부터 외부 자극을 통해 자신이 어떤 존재인가를 알면서 큰다. '너는 멍청하다'느니, '너는 똑똑하다'느니, '너한테는 이런 재주가 있다'느니 하면서, 주위에서 들려주는 이야기를 들으며 자신의 존재를 인식한다. 그러다 청년기가 되면 어느 회사에 다니는가, 직책은 무엇인가, 기혼인가, 미혼인가 하는 외적인 조건으로 자신을 형성한다. 이 같은 상태가 계속 이어지면, 인간은 결국 외부 조건이나 판단으로 만들어지는 자기 자신을 스스로 인정하고 받아들이게 된다.

이런 경우를 영어에서는 '리액션reaction'이라고 한다. 반응이나 반동이라는 말인데, 외부로부터 주어지는 조건에 자신의 깊은 생각 없이 반사적으로 대응한다는 뜻이다. 말하자면 기계적인 반응이다. 이와는 달리 '레스폰스response'라는 말이 있다. 이 단어는 상대의 자극에 자기 안의 것으로 대처하는 것을 말한다. 두 단어는 얼핏 비슷해 보이지만 내면적으로는 큰 차이가 있다.

사회에서 요구하는 것 중에는 자기 내면의 욕구와 맞지 않는 것들이 많다. 부지기수로 많다. 그런 경우에 사람들은 일일이 자기 내면의 것으로 대처하지 못하고, 단순히 기계적인 대응으로 끝내기 일쑤다. 그것이 나쁘다고는 말하지 않겠다. 그러나 때로는 자기 속에서 우러나온 욕구나 생각에 따라 대처할 필요가 있다고 본다.

사회의 요구가 있을 때, 기계적으로만 대응하지 말고 내면의 소리, 자신의 욕구에도 귀를 기울이자. 그러면 무작정 달리는 일에서나 무조건 겁을 집어먹는 일에서 조금은 자유로워지지 않겠는가.

9
'잘은 모르겠으나 뭔가 괜찮구나' 하는 느낌이 주는 깊은 맛!

내가 사는 이나 계곡은 겨울이 길어서 초여름의 화창한 날씨가 더 없이 반갑고 소중하다. 기분도 덩달아 좋아진다. 이 무렵이면 오후 4~5시쯤부터 애기원추리가 꽃망울을 터트리기 시작한다. 그 모습이 무어라 말할 수 없이 가슴을 뒤흔든다. 애기원추리는 저녁 무렵에 노란 꽃을 피웠다가 다음날 아침이면 꽃잎을 닫는다.

　나는 이나 계곡에 들어올 때까지 그 꽃에 대해서는 전혀 아는 바가 없었다. 이곳으로 와서도 한동안은 그 존재를 알아채지 못했다. 그런데 언제부턴가 들판에 삐죽하게 고개를 내민 가지 하나가 눈길을 사로잡았다. 저녁에 피는 꽃도 있구나 싶었는데, 아침에 되자 꽃봉오리가 시들어 있었다. 밤사이, 누구도 봐주지 않을 때 혼자 피었다 지는 꽃이 신통하면서도 애처롭다는 생각이 들었다. 그

생명의 코드로 노자 읽기

래서 들판 여기저기서 모아 와서 마당가에 심어두었다.

　처음에는 그 꽃을 '뭔가 괜찮구나'하는 정도로만 생각했다. 이름도 알지 못했다. 그러나 '잘은 모르겠으나 뭔가 괜찮구나' 하는 느낌 속에 남달리 마음이 끌리는 게 있다는 사실을 깨달았다. 말하자면 우리는 '장미란 아름다운 것'이라는 생각을 선입견으로 갖고 있어서, 장미를 보면 '아, 아름다운 장미'라고 말한다. 이것이 우리가 아름다움을 인식하는 방식이다. 반대로 이름 모를 예쁜 꽃을 보고는 이렇게 묻는다.

　"이 꽃, 이름이 뭐예요?"

　"그거 부용이잖아요."

　"아하, 이게 부용이라는 거구나."

　그러고는 그만이다. '부용'이라는 이름을 안 순간 이미 꽃 자체의 아름다움에서는 관심이 멀어진다. '부용이라는 꽃이 저기에 있었지', '누군가가 부용이라고 알려주었지'라며 부용에 대한 관심이 정보로 바뀌는 것이다. 그러나 이름을 모를 때는 부용은 부용 그 자체로서, 살아있는 모습으로 기억 속에 남는다.

　사람도 마찬가지다. 누군지 모를 때, 그 아름다움의 진면목을 발견할 수 있다. 그 사람이 여배우라는 사실을 알고 볼 때의 아름다움과는 사뭇 다르다. 이름도 알지 못하는 사람에게서 발견되는 눈길을 사로잡는 아름다움과 신비로움은 가슴에 남다른 여운을 남긴다. 객관적으로 공인된 아름다움보다 주관적으로 느끼는 아름다움이 훨씬 가슴에 와 닿는 것이다.

'도'라는 것도 그렇다. 멀리 있지 않다. 어떤 건지는 잘 모르지만 일상의 어느 순간에 '무언가'를 우리에게 전해준다. '아아, 꽃이 아름답구나' 할 때의 느낌, 음식을 먹고는 '정말 맛있구나' 할 때의 만족감, 석양에 저물어가는 햇빛을 비스듬히 받으며 애기원추리가 꽃망울을 터트리는 순간에 느끼는 경이로움. 그 속에는 가슴을 건드리는 무언가가 있다. 그 느낌을 소중히 하자. 그런 느낌과 마주하는 순간 우리는 지루한 일상의 굴레에서 벗어날 수 있을 테니까.

순수하게 그 자체로 마음을 고동치게 하는 것, 우리는 그런 소소한 것에서 잠시나마 자유로운 해방감을 맛본다.

생명의 코드로 노자 읽기

10

사람이 태어날 때는
모든 가치나 판단 기준에서 자유롭다

예로부터 중국 영향을 많이 받은 동양의 몇몇 나라에는 고대 중국의 사상이 생활 깊숙이 자리 잡고 있다. 대표적으로 한국과 일본은 오랜 역사 속에서 공자의 유교를 굳건히 지켜온 나라다. 서구 문물이 들어오면서 많이 희석되기는 했지만, 아직도 공, 맹자의 유가儒家 사상은 일반인의 생활 곳곳에 단단히 뿌리를 내리고 있다. 공자의 사상은 윤리적이고 현실적인 국가체제 내에서 충, 효, 예를 앞세우며, 인간 사회의 제도를 엄격하게 규제하는 사상이기에 그렇다.

그에 비해 '꾸밈없이 저절로 그러하게'라는 무위자연無爲自然을 내세우며 어디에도 얽매임 없이 자유로운 노자나 장자 사상은, 어떤 면에서는 공자의 유가와는 정반대의 입장이다. 때문에 유가가 국가 운영의 중심체제였던 시대에는 노자나 장자 서적들이 금서禁

書로 간주되어 이단시되기도 했다.

이처럼 주변국에서는 대립되는 개념이던 노자와 공자 사상이, 본고장인 중국에서는 충돌 없이 조화롭게 운용되고 있다. 정치가나 경영자, 사회적 리더는 그 자리에 있을 때는 실용적 도덕철학인 유가적 세계에 마음을 기울인다. 그러다 그 직을 물러나거나 실패했을 때는 탈속하여 자연에 묻힌 채 노자적인 삶을 즐긴다. 바로 그러한 조화와 균형은 다른 곳에서도 찾아볼 수 있다. 중국의 시에는 딱딱한 궁정시가 있는가 하면, 서민적이고 유연한 서정시도 많이 있다. 그림에도 기교와 정밀성이 두드러진 북화北畵가 있는가 하면, 부드러운 붓놀림이 돋보이는 자유로운 느낌의 남화南畵가 있다.

여기서 말하려는 요지는, 이른바 노자와 공자의 대립적인 관념은 우리 밖에 있는 것이 아니라 우리 안에 존재한다는 사실이다. 이러한 대립은 형태가 다양하다. 동양과 서양, 자연과 문명, 남자와 여자. 우리 생각의 기저를 이루고 있는 관념에는 이렇게 양면성을 지닌 것들이 많다.

사람이 세상에 나올 때는 아무런 가치기준이나 판단기준을 갖지 않은 채 태어난다. 자라면서 부모의 사고방식이나 교육, 사회적 영향 속에서 다양한 가치와 기준을 배운다. 그러다 차츰 나이가 들면 어느 때 어떤 기준을 사용해야 하는지가 중요한 문제로 대두된다.

이미 자기 안에 들어와 있는 다수의 가치와 기준을 어느 잣대로 선택할 것인가, 어떤 식으로 운용할 것인가, 어떻게 조화와 균형을 이루게 할 것인가 등. 이러한 선택은 곧 그 사람의 삶의 방식을 결정하는 일이 된다.

이야기가 설교조로 흐르고 말았는데, 아무튼 그러한 수많은 기준을 안고 있는 자신이라는 존재를 안팎으로 두루두루 살피자는 말이다. 그러면 자신의 좌표를 어느 지점에 어떻게 설정할 것인가 결정하는데 도움이 될 것이다. 좌표를 설정하는 문제는 한마디로 정답이 없다. 사람들은 저마다 기준이 다르기 때문이다. 따라서 사람은 모두가 다른 존재라는 사실을 인정하고 받아들이는 것이 중요하다. 그렇게 하면 우리는 자신의 기준에 충실할 수 있고, 여타의 기준에서도 자유로울 수 있을 것이다.

11
고목나무에
생명이 돌아오듯

내가 태어나서 자란 곳은 도쿄의 간다神田라는 곳이다. 이 지역은 예로부터 장사하는 소시민이 모여 사는 아주 번잡한 상업지역이다. 내 할아버지로 말할 것 같으면 후카가와深川의 목재 도매상이 있었는데, 장사 수완과는 별개로 대낮부터 강가에서 뱃놀이를 하며 소란을 피우던, 한마디로 세상 물정 모르는 한량이었다. 따라서 나도 그런 한량 기질이 농후한 피를 받고 세상에 나온 셈이다.

집 앞으로 전차가 쉴 새 없이 다니는 소란스러운 도회지 한복판에 살면서 깍듯하게 표준어를 쓰고 시골을 우습게 여기며 도쿄 이외로는 눈도 돌리지 않던, 이른바 까칠한 도시남자였다. 대학을 졸업하고는 사회생활도 얼마 해보지 못한 채 미국으로 유학을 떠났다. 전쟁이 끝나고 7~8년이 지난 무렵으로, 패전으로 황폐할 대로 황폐해진 일본을 떠나 미국에서 혼자 살게 된 것이다. 그때야 비로소 알았다. 세계의 눈으로 보니 도쿄란 곳이 한낱 촌스러운 시골동네에 지나지 않는다는 사실을.

일본으로 돌아오고 나서의 첫 근무지는 나가노 현에 있는 신슈神州 대학이었다. 처음 이 지역으로 발령받아 갈 때는 쉽게 발길이 떨어지지 않았다. 그도 그럴 것이 도회지에서만 살다가 하루아침에 도쿄에서 270km나 떨어진 시골로 가서 살게 되었으니 말이다. 결국 이 대학이 위치한 마츠모토松本에서는 요코하마 대학으로 자리를 옮길 때까지 13년을 살았다. 나중에는 그럭저럭 시골 생활에 익숙해지면서 정도 들고, 때때로 신선놀음 삼아 낚시도 하게 되었지만.

어느 날, 여학생의 권유로 그녀의 본가가 있는 고향을 방문했다. 그것이 지금 내가 살고 있는 이나 계곡에 첫발을 들여 놓는 계기였다. 신슈에서라면 같은 현 내의 대표적인 관광지, 가루이자와軽井沢나 가미코지上高地 정도를 예상하고 가벼운 마음으로 따라나선 길이었다. 이나 계곡까지 들어가리라고는 전혀 예상치 못했다.

아무튼 제자에게 이끌려 따라간 이나 계곡, 처음 가본 그곳은 눈이 휘둥그레지는 별천지였다. 마침 가을이 한창 무르익는 계절이었다. 새파란 하늘 아래 울긋불긋 물든 단풍이 온 산을 뒤덮은 가운데, 계곡은 전체가 수채화 물감을 풀어놓은 듯 형언할 수 없는 아름다움에 휩싸여 있었다. 그 정경은 단박에 내 마음을 사로잡았다.

그 방문 이후 오래지 않아 나는 그곳에 작은 오두막 한 채를 마련했다. 울창한 숲의 한쪽 가장자리였다. 주변은 원래 개척지였는데 사람의 왕래는 물론이요, 가게고 뭐고 기댈 데 하나 없는 썰렁하기 짝이 없는 곳이었다. 그 무렵은 이미 요코하마 대학으로 근무지를 옮긴 터라, 시간이 날 때면 이따금씩 찾아와 머물다 갔다. 사회생활을 하면서 마음에 갈증을 느낄 때나 무언가 허전한 기분이 들 때면 어김없이 이나 계곡으로 찾아들었다.

오두막에서의 생활이 십여 년쯤 흘렀을 즈음, 어느 잡지사에서 에세이 연재를 의뢰해왔다. 나는 제의를 받아들여 오두막에서의 일상을 조금씩 적어나가기 시작했다. 그때 썼던 글들은 모두가 홀로 오두막 생활을 하면서 느꼈던 소소한 일상에서의 기쁨이 주제였다. 무엇에서 기쁨을 느끼는가 하는 이야기를 짤막한 에피소드를 곁들여 소개했다. 하지만 그런 하나하나의 기쁨에 어떤 의미가 담겨 있는지에 대해서는 전혀 알지 못했다. 기쁨의 의미를 제대로 이해하게 된 것은 그로부터 한참 후인 최근 5~6년 사이의 일이다.

그 글을 쓰고 나서 십년 이상의 세월이 흐른 셈인데 그 사이에 노자라는 인물을 만난 것이다. 그리고 노자를 만나고서야 비로소 그때 자신이 겪은 일들의 의미를 조금씩 깨우치기 시작했다. 내가 이나 계곡의 자연에서 보고 느꼈던 것은 이른바 나 나름의 '도'의 체험이 아니었을까 하는 생각이 들기도 했다. 책을 통해서 노자가 들려주는 이야기와 내가 느끼고 경험한 일들이 하나로 일치되는 것을 실감했으니까. 무척이나 신기한 일이었다.

'아아, 이런 것이었구나' 하면서, 새삼 나 자신이 경험했던 생각

생명의 코드로 노자 읽기

이나 감정들이 하나 둘씩 이해되기 시작했다. 그 느낌은 너무도 신비해서 어떤 불가사의를 체험하는 듯했다. 마치 자연을 그린 흑백의 연필화가 색채를 만나 한 폭의 담채화로 살아나듯, 내 기억 속의 경험과 느낌이 저마다 의미를 띠며 싱싱하게 되살아났다.

나는 노자를 만나서 고목나무에 생명이 돌아오듯, 저 깊은 영혼의 뿌리에서 전해오는 강한 울림 같은 것을 느꼈다. 그 영혼의 울림은 나를 저 드넓은 세상으로 눈을 돌리게 해주었다.

12
몸을 머리에서
자유롭게 놓아주면

이나 계곡의 중심부에는 사시사철 수량이 풍부한 강 덴류가와天龍
川가 흐르고 있는데, 강 주변으로 무성한 숲이 길게 이어져 있다.
초여름 어느 날, 나는 혼자서 그 숲속을 걷고 있었다. 찾는 사람도
별로 없어서 조용하기 그지없는 오솔길이었다. 나무 사이로 흘러
든 햇살이 이따금 길 위에 어른거렸다. 낙엽송으로 덮인 바닥은 아
주 부드러워서 발밑에 느껴지는 감촉은 융단에 비할 바가 아니었
다. 초여름 낙엽송만이 지닌 독특한 진줏빛 녹색, 그 가지 끝에 군
데군데 맺힌 작은 꽃에 눈길을 주며 언제까지고 그대로 걷고 싶은
마음에 무작정 발걸음을 옮겼다.

　그때 문득, 속도를 뚝 떨어뜨리고 아주 천천히 걷고 있는 나 자
신을 발견했다. 아니, 왜 갑자기 발걸음이 느려졌을까. '어, 이상하

다' 하는 사이에 걸음은 점점 더 느려졌다. 나는 '참 희한한 일도 다 있구나' 하면서 내처 걸었다. 그랬더니, 하다하다 나중에는 거의 기어가는 정도로 속도가 떨어졌다. 스스로도 놀랐지만 그렇다고 원래의 걸음으로 되돌리고 싶은 마음도 없었다. 몸이 하자는 대로 내버려 두었더니, 이건 거의 거북이 걸음 정도로 어기적거리고 있는 게 아닌가. 하지만 그 날은 그 상태로 계속 걸었다.

아무리 생각해도 어쩌다 그런 일이 일어났는지 영문을 알 수 없는 기묘한 체험이었다.

그런데 나중에 생각해보니 짐작되는 바가 없지도 않았다. 그때까지 나는 인생을 늘 종종걸음치며 바쁘게 살아왔다. 도회지에서의 서민 생활이란 바쁘게 움직이지 않으면 먹고 살기 힘드니까, 동작도 날래고 말투도 엄청 빠르다. 잠시만 한눈을 팔아도 '꾸물대지 마라'는 잔소리가 화살처럼 날아온다. 조금만 동작이 굼떴다가는 영락없이 굼벵이 취급을 당하는 판이었다. 나는 '굼벵이' 소리를 듣지 않으려고 온 힘을 다해 바쁘게 살아왔다. 그런데 인간은 종종걸음칠 때는 정작 자신이 얼마나 성급하게 걷고 있는지를 알지 못하는 법이다. 그러니 나는 자신이 얼마나 바쁘게 몰아치며 살고 있는지조차 깨닫지 못했던 것이다.

그러다 숲 속에서 여유롭게 걷다보니 50년 이상이나 종종걸음을 쳐왔던 나의 발이 참고 참았다가 '이젠 지쳤어'라며 호소한 것인지도 모른다. 발의 뜻에 따라 천천히 아주 천천히 걷고 있자니 그동안 보이지 않던 것들이 차츰 눈에 들어오기 시작했다.

신기하지 않은가. 길가의 잡초라든가, 거기에 매달려 있는 쌀알 같은 작은 꽃들, 이름 모를 산새의 날갯짓 같은 것이 아주 뚜렷하게 망막에 비쳐보였다. 그리고 이어서 그때까지 들리지 않던 소리들이 귓전을 두드렸다. 깊은 계곡을 훑고 흐르는 물소리, 바람이 부는 대로 사각거리는 나뭇잎 소리, 평소에는 보이지도 들리지도 않던 것들이 일제히 나의 온 감각을 흔들어대는 것이었다. 이런 진귀한 체험은 신선한 충격이었다.

인간의 몸은 우리가 의식하든 못하든 그 자체로서 살아있는 유기체다. 머리의 하수인이 아닌 것이다. 그런 몸을 우리는 너무 홀대하고 있지는 않았는지……. 그러니 이제부터라도 몸을 머리의 명령에서 해방시켜보자. 몸은 머리가 수용하지 못하는 감각을 나름대로 익히고 기억하고 있다.

그날의 내 경우는 발뿐이었지만, 손도 마찬가지라고 생각한다. 우리는 손을 항상 무언가 목적을 위해 움직인다. 하지만 그런 목적을 잠시 접어두고 그냥 자유롭게 움직인다면 어떻게 될까. 그건 아마 춤이 되지 않을까. 춤의 아름다움은 어떤 목적을 위해서가 아니다. 춤의 진정한 멋은 목적이 없는 영혼의 자유로운 몸짓에서 흘러나온다. 이처럼 목적에서 자유로워진 몸이 그려내는 춤을 보며 우리는 기쁨을 느낀다. 그러니 몸을 머리에서 자유롭게 놓아주면 우리는 이제껏 보지 못한 또 다른 세상을 만날 수 있을 것이다.

13
목적의식에서 벗어나
그 너머로 눈을 돌려 보자

내 오두막 근처에는 덴류가와의 강줄기를 따라 이어지는 산책 코스가 있다. 그 물줄기를 거슬러 올라가면 너른 자갈밭이 나온다. 그곳은 우츠기다케空木岳라는 높은 산의 기슭과 맞닿아 있어서 항상 수량이 풍부한 강물이 거센 소리를 내며 기세 좋게 흐른다.

여름이 절정이던 어느 날, 그곳으로 산책을 나갔다가 기분도 상쾌하고 해서 자갈밭에 큰 대자로 누워보았다. 높푸른 하늘을 마주보고 기운차게 흐르는 물소리를 들으며 잠시 누워 있는 사이 깜빡 잠이 든 모양이다. 얼마나 시간이 흘렀을까. 퍼뜩 눈을 떠보니, 순간 자신이 어디에 있는지, 왜 그곳에 있는지 아무런 생각도 나질 않았다. 영문을 몰라 주위를 두리번거렸다. 그러자 잎사귀 하나하나가 놀랍도록 선명한 모습으로 눈에 들어와 박혔다.

보통 우리가 사물을 바라볼 때는 나무면 나무, 숲이면 숲 하는 식으로 전체로서 파악하기 마련인데, 그날은 정말 잎사귀 한 장 한 장이 각인되듯 선명하게 망막에 아로새겨졌다. 그래서 시선을 옮겨보니 이번에는 자갈밭의 돌멩이 하나하나가 모두 낱낱의 존재로 또렷하게 눈길을 사로잡았다. 거기에 하늘에서 쏟아지는 햇빛은 더할 나위 없이 투명하게 반짝이고 있었다.

하늘에서 내리쬐는 햇빛과 진녹색의 잎사귀, 바닥의 돌멩이, 이 세 가지가 한데 어우러지면서 빚어내는 영상에 나는 그만 넋을 잃고 말았다. 얼마나 그렇게 있었을까. 그 다음에 일어난 일은 지금도 기억이 생생하다. 갑자기, 막혔던 귀가 한꺼번에 뚫리 듯 쏴아 하고 물소리가 고막을 때렸다. 바로 옆에서 흐르던 강의 요란한 물소리였다. 그때까지 나는 아무 소리도 듣지 못하고 있었던 것이다. 그제야 '아, 내가 물가에 있구나' 하는 자각이 들었다. 제정신이 드는 순간 그토록 선명하던 영상은 거짓말처럼 시야에서 사라져버렸다. 그리고 나는, 나로 돌아왔다.

자갈밭에서 깜빡 잠이 든 사이, 아마도 내 안의 일상적인 감각들이 모두 빠져 달아났던 것이리라. 그리고 그 상태에서 잠이 깬 것이고. 그런 상태일 때는 모든 것이 하나의 실체로서 명확하게 각인된다. 즉, 목적을 갖지 않은 눈에는 사물의 실체가 제대로 눈에 들어오는 것이다. 이 일은 상당히 신비한 체험이었다.

혹시 '말기末期의 눈'이라는 말을 들어본 적이 있을지 모르겠다. 죽기 직전의 눈으로 보는 것을 뜻한다. 소설가 아쿠다카와 류

노스케芥川龍之介가 남긴 유서에 있던 말로, 가와바타 야스나리川端康成가 인용하면서 널리 알려진 내용이다.

'말기의 눈'이란 무언가를 보고자 해서 보는 눈이 아니다. 모든 것을 내려놓은 마음, 이 세상의 온갖 인연을 떠나보낸 허허로운 마음으로 보는 눈이다. 어쩌면 그날 내가 경험한 것도 이런 사심도 목적도 없는 투명한 눈이었을지 모르겠다. 물론 나는 아직 살아있어서 진짜 말기의 눈까지는 가보지 못했지만 말이다.

아무튼 무언가를 보겠다는 목적을 벗어나서, 자기 속의 의도나 욕망을 모두 흘려보낸 순간의 눈, 적극적으로 보는 눈이 아닌 망막에 스치는 것을 그저 바라보는 눈이라고 생각한다. 그러한 눈은 일상에 푹 빠져 사는 사람으로서는 좀처럼 경험하기 어렵다.

우리는 길을 걸을 때만 해도 신호를 보거나, 달리는 차를 살피거나, 이리저리 주위로 시선을 돌리면서 걷는다. 그야말로 온갖 것에 신경을 쓰면서 이곳저곳을 살피는 것이다. 그러지 않았다가는 언제 어떤 변을 당할지 모를 일이니까. 헌데 그렇게 두리번거리는 상태는 어찌 보면 매우 주의력이 깊은 상태일 것 같지만, 실은 '가장 집중된 감각의 실체를 잃은 상태'라고 한다.

평범한 일상에서 순수하고 풋풋한 그러나 야생의 비일상적인 감각을 수용하기란 결코 쉽지 않다. 보통 사람이라면 그런 생각을 하지도 않고 또 그럴 필요도 없다. 그러나 예리하면서도 투명한 감각을 일순간이라도 경험한 사람은 아마 그 감각을 평생 잊지 못할 것이다. 왜냐하면 거기에는 '인간의 더 없는 행복'이라는 지복至福

이 있기 때문이다.

아기들이 느끼는 것 같은 순수한 기쁨과 행복, 어른이 된 우리는 너무 멀리 떨어져나와 다시는 느끼기 힘든 순연純然한 행복, 어른이 되어서도 이런 지복의 순간을 조금이라도 맛볼 수 있다면 그보다 더한 기쁨이 어디 있겠는가. 목적도 사심도 없는 투명한 마음이라면 우리는 거기에 한 걸음 더 다가갈 수 있을지 모른다.

노자는 많은 가르침을 남겼지만, 알고 보면 그 근저에는 '목적의식에서 벗어나 그 너머에 있는 또다른 곳으로 눈을 돌려 보라'는 은유의 메시지가 담겨 있다고 생각한다.

14
누구라도
자기 안의 도를
느낄 수 있다

얼마 전 외출하려는데 도쿄의 지인한테서 전화가 걸려왔다. 통화하던 중, "이제부터 근처에 있는 화랑에서 강연이 있어서……" 했더니, 상대가 "이나 계곡의 노자 말씀이군요"라고 하는 게 아닌가. 어느 새 내 강연이 그런 식으로 소문이 났나 싶었다.

'아아, 그러고 보니 이나 계곡에서 노자에 대한 강연은 이번이 처음이로구나' 하는 데 생각이 미쳤다. 내가 『이나 계곡의 노자』라는 책을 쓰고, 막상 그 계곡에서 노자 강연을 하게 되다니 예사로운 인연이 아니라는 생각도 들었다.

그런데 도쿄 사람의 말투에서 은근히 놀리는 듯한 느낌이 드는 건 왜일까. 저쪽에서 보면 이나 계곡 같은 산골에 묻혀 살면서 '시골 사람들한테 대단한 듯한 얼굴을 하고서 노자 이야기를 떠벌이는 남자'라는 식으로 비쳐졌단 말인가?

하지만 '대단한 듯한 얼굴'이란 가당치도 않다. 당연히 나는 노자가 될 수 없다. 노자 같은 비범한 인물은 흉내조차 낼 수 없다. '이나 계곡의 공자'는 더더욱 될 수 없다. 왜냐하면 공자는, 사람 사는 사회에서 가장 바람직한 '이상적인 인간상'에 대해 말하기 때문이다. 이나 계곡의 공자 정도 되려면 풍부한 지성에 예의나 교양, 신의를 골고루 갖춘 덕이 높은 인간이라야 가능할 듯 싶은데, 나로서는 꿈도 못 꿀 노릇이다. 내 주변의 어느 누구도 나를 덕이 높은 고상한 인간으로는 봐줄 것 같지 않으니 말이다.

그런 의미에서라면 노자는 꿈이라도 꿔볼 수 있지 않을까 싶다. 노자는 어디에나 두루두루 미치는 세상의 이치에 대해서 이야기한다. 세상 어디에 있든 노자와 함께할 수 있다고 말한다. 남자든 여자든 상관없고, 좋은 사람 나쁜 사람도 가리지 않는다. 물론 나이도 관계없다. 누구라도 노자가 그려 보이는 길을 따라가다 보면, 자기 안에 있는 '도'를 느낄 수 있다고 한다. 노자에게는 그런 자유로움이 있다. 『이나 계곡의 노자』라는 책에는 내가 실제로 '도' 비슷한 것을 느꼈던 에피소드 몇 가지를 소개했다. 그런 체험이 없었더라면, 무조건 노자를 이해하기란 쉽지 않았을 것이라고 확신한다.

이나 계곡에 들어온 후 나의 삶은, 요즘 사람들 식으로 말하면 '노자 코드'로 풀어야 해석되는 삶이다. 나는 노자를 알기 전에 이나 계곡에 들어왔는데, 오두막에서의 삶에 대해 나 스스로 의미다운 의미를 부여하지 못했었다. 그러나 노자를 알고부터는 노자를 통한 '노자적 삶'이 나에게 가장 자연스럽고 의미 있는 삶이라는 걸 알게 되었다.

나는 어딘가에 얽매이는 것을 좋아하지 않는다. 따라서 눈에 보이는 세상뿐만 아니라 보이지 않는 저 너머의 세상까지 이야기 하는, 경계가 없는 노자 사상은 나의 자유로운 기질과 아주 잘 맞아 떨어진다. 그러니 나는 까닭 없이 함부로 노자의 이름을 팔고 다니는 사람이 아니라는 점을 이해해주기 바란다.

15

살아있는 말로 할 것인가,
죽은 말로 할 것인가

대부분의 사람들은 학창시절에 『논어』 몇 구절 정도는 외워봤을 것이다. 학교의 교과과정이건 부모가 시켜서건 말이다. 어려서는 뜻도 잘 모르고 외웠는데, 나이가 들고 보니 도움이 되었다는 이야기를 간혹 듣는다.

중국에서는 어려서부터 『논어』를 가르친다고 한다. 중국의 아이들은 한자가 자기네 말이기 때문에 어린 나이부터 배워도 별 무리가 없다. 그러나 다른 나라에서 한자를 받아들일 때는 사정이 달라진다. 말이 아닌 글자만 가져오다 보니 뜻은 우리말로 풀이하면서 음은 한자로 읽게 되어, 뜻과 소리가 분리된 채 죽은 글이 되고만다.

논어에 '교언영색巧言令色하면 선의인鮮矣仁이라'는 말이 있다.

뜻을 풀이하면 '말을 좋게 꾸미고 얼굴빛을 자주 고치는 사람치고 어진 이가 드물다'라는 말이겠다. 또 '유붕有朋이 자원방래自遠方來하니 불역낙호不亦樂乎니라'라는 문장도 있다. '멀리서 벗이 찾아오니 기쁘지 아니한가'라는 의미다. 단적으로 말해서 앞부분의 한자말은 죽은 말이고, 뒷부분의 풀이말은 살아있는 말이라고 생각한다.

공자가 제자들에게 가르칠 때는 의미를 전할 수 있는 살아있는 말, 즉 풀어쓰는 말로 가르침을 주었다고 생각한다. 그것을 나중에 제자들이 문자로 기록을 남기는 과정에서 딱딱한 문장으로 바꿨을 것으로 짐작한다. 그런데 그 딱딱한 기록이 이웃나라에 전해지니, 받아들이는 쪽에서는 여간 어려움을 겪는 게 아니다. 동서양을 막론하고 고전을 죽은 언어로 다뤄야 할 것인가, 살아있는 언어로 바꿔야 할 것인가에는 크나큰 차이가 있다.

『논어』뿐만 아니라 공자, 노자, 장자, 그리고 불경까지도 한자 표현을 살아있는 말로 바꾸지 않고 오랫동안 죽은 언어 그대로 배우고 익혔다. 최근 들어서는 살아있는 말로 개역改譯한 책들이 속속 선을 보이고 있지만, 나 자신이 노자를 구어체로 출간할 당시만 해도 그런 책은 눈에 띄지 않았다. 나는 오랜 기간 노자를 잘 이해하지 못했다. 그러다 우연히 영어로 번역된 노자를 읽고는 놀라지 않을 수 없었다. 그리고 기뻤다.

영어로 번역된 글 속에서 노자는 살아있었다. 한자로 나열된 글에서는 느끼지 못했던 노자라는 존재가 생생하게 살아있었던 것이다. 영역본에서는 옮긴이가 자신이 공감하는 부분에 '나는 이렇게 생각한다'라는 식으로 자유롭게 자신의 의견을 덧붙여놓았다. 그것을 읽다 보면, 서양 사람들이 생각하는 노자의 도는 우리가 생각하는 것처럼 그렇게 어려운 것이 아니었다. 그들은 노자를 일상적인 언어로 자신의 생각과 자유와 사람이 살아가는 방식에 대해 이야기하는 새로운 관점의 책이라는 식으로 받아들였다. 물론 그 관점에 대한 해석은 옮긴이마다 조금씩 견해의 차이를 보이긴 하지만. 아무튼 내가 알기만으로도 이런 식의 노자의 책이 백여 권도 넘는다.

서양 사람들의 살아있는 말로 적힌 자유로운 노자 해석은 한자의 죽은 말 속에서 사장될 뻔한 나의 '노자를 향한 불씨'를 살려준 셈이다.

16
도의 세상에는
사랑에 구별이 없다

얼마 전 산책하고 돌아오니 집 앞에 낯선 차가 한 대 서 있었다. 오십쯤 돼 보이는 남자가 차에서 내리더니 반갑게 인사를 했다.

"가지마 선생님이시죠? 드디어 만나 뵙는군요. 반갑습니다."

남자는 반색을 하더니, 자기는 레스토랑을 운영하고 있는 사람이며 나를 만나기 위해 몇 시간씩 차를 타고 달려왔다고 했다. 그를 집으로 안내하여 사연을 들어보았다.

"저란 놈은 사실 어릴 때부터 무척 거칠게 자라서, 중고등학교 때는 불량소년으로 말썽만 피웠더랬지요. 삼십이 넘어서까지도 망나니짓을 하며 정신을 못 차렸답니다. 그러다 우연한 기회로 베이징에 갔는데, 거기서 꽤 커다란 초상화를 보게 되었어요. 누구냐고 물으니 노자라고 하더군요. 무척 인상 깊었지요. 그 후로 노자에 대해 남다른 관심을 가지고 있던 차에 선생님 책을 읽고는 깊은 감명을 받았습니다. 나 같은 놈도 괜찮다, 나 같은 놈도 살 이유가 있다는 이야기를 읽고는 사는 게 많이 달라졌답니다."

그는 담담하게 자기 이야기를 했다. 나는 그에게 이렇게 말해 주었다.

"공자는 착한 사람이 되라고 말하지요. 그러나 노자는 다릅니다. 착한 사람이든 나쁜 사람이든 크게 차이를 두지 않지요. 도는 착한 사람과 착하지 않은 사람을 구별하지 않는답니다. 사회에서 낙인찍힌 사람이든 뒤쳐져서 낙오된 사람이든 도 안에서는 다 평등하답니다."

내가 그렇게 말한 데는 충분한 근거가 있다. 도의 너그러운 포용성에 대해서는 『도덕경』여기저기서 언급되고 있지만, 특히 제62장에는 도가 얼마나 넓은 품으로 세상을 받아들이는지에 대해 잘 나타나 있다.

도는 모두에게 아늑한 곳
선한 사람에게는 보배로운 곳이요
선하지 않은 사람에게는 은신처이니

62장의 첫 문장이다. 여기서 도란 아늑하고 한적한 곳으로, 모든 사람을 따뜻하게 감싸고 길러준다는 의미다.

도는 착한 사람에게만 유효한 것이냐 하면, 그렇지 않다. 착한 사람에게는 귀하고 값진 곳이면서, 착하지 못한 사람에게는 따뜻한 은신처요 숨 돌릴 수 있는 곳이다. 이처럼 도는 착한 사람, 착하지 않은 사람을 구별하지 않는다. 나누고 구별하는 것은 상식적인 세계에나 있는 대립적인 이분법적 사고일 뿐이다. 도는 이분법의 사고를 넘어서는 그 무엇이다. 도는 이렇게 안온하고 따뜻한 안식처인데, 어찌 도 안에 악한 사람이 있을 수 있겠는가. '인간은 자연을 닮아 원래 그 품성이 착한 법이다'라고 말하는 것이다.

17
머리만의 존재라면
많은 사람들 속에
있어도 외롭다

이나 계곡에서의 일상이 도시의 삶과 다른 점은 혼자 있는 시간이 길다는 것이다. 나는 자그마치 형제가 열세 명이나 되는 가정에서 자랐다. 게다가 집안은 대대로 목재도매상을 하고 있어서 점원이라든가 일꾼이 주변에 늘 북적거렸다. 그런 시끌벅적한 환경에서 자란 내가 이렇게 긴 시간을 혼자서 지내보기는 미국 유학 시절을 제외하고는 처음이다.

익히 알고 있겠지만, '외톨이'란 영어로 '론리lonely'라고 한다. 혼자라서 외롭다는 뜻이다. 또 하나, 혼자를 나타내는 말로는 '얼론alone'이라는 단어가 있다. 그런데 이 'alone'은 'all+one'이 줄어서 된 말이다.

그럼 'all one'이란 무슨 말일까. 자기 혼자만으로도 충분하다는

생명의 코드로 노자 읽기

뜻이다. 정신과 육체가 분리되지 않고 하나의 전체로서 존재한다는 의미다.

인간은 머리로 사는 존재라고 생각하겠지만, 여기서 기억해야 할 점은 그렇지 않다는 사실을 깨닫는 일이다. 심장이나 간, 콩팥, 위 같은 장기는 머리의 명령으로 움직이는 것이 아니다. 머리나 본인의 의지와는 상관없이 무의식 속에서 자동으로 움직인다. 여기에 관여하는 것이 자율신경이다. 이렇게 자율신경으로 움직이는 기관이 우리 몸에는 얼마든지 있다.

그러고 보면 신체 구조상 머리가 차지하는 비중은 생각보다 크지 않다. 우리 몸에서 머리는 극히 일부이고, 더 많은 여러 요소가 모여서 자기라는 하나의 전체를 이룬다. 나는 이런 사실을 이나 계곡에서 혼자 지내면서 깨달았다. 그러자 그 뒤로는 밤에 홀로 산속에 있어도 외롭지 않았다. 자신의 몸 그 자체가 전체로서 지금 여기에 있다는 존재감을 스스로 느끼게 되면 혼자만으로도 충분하다. 거꾸로 머리만의 존재라 한다면 누구와 함께 있어도, 많은 사람들 사이에 있어도 어딘가 무척 쓸쓸하다.

'all one'이라는, 혼자만으로도 충분하다는 사실에 눈을 뜨자, 나의 인식에도 여러 가지 변화가 생겼다. 그 변화의 한 예로는 '자연'과 '인공' 사이에도 일종의 조화가 있다는 새로운 인식을 갖게 된 것이다.

우리는 '자연'과 '인공'을 정반대의 대립되는 개념으로 배웠다. 이런 사고는 따지고 보면 서구의 대립 개념에서 온 것이다. 그러나 이나 계곡의 자연 속에 있다 보면 문명이나 인공조차도 자연의 일부로 느껴진다. 자연의 움직임이 세상 모든 것에 스며 있음이 저절로 느껴지기 때문이다. 동시에 '자연은 내 안에도 구석구석 스며들어 있다, 그것이 나라고 하는 존재다'라는 새로운 인식도 생겼다.

도시 태생인 내가 이나 계곡에서 경험한 일은 어떤 의미에선 모두가 경이였다. 그러나 도시에서 나고 자란 사람이 시골로 간다고 해서 모두가 그렇게 느끼는 것은 아닐 터이다. 도시에만 머물며 외부로는 한 발자국도 나가려 하지 않는 사람을 나는 여럿 알고 있다. 그런 사람이 잘못됐다는 말은 결코 아니다. 그들도 자신이 머무는 곳에서 무언가 자기만의 느낌을 발견한다면 그것대로 괜찮다고 생각한다. 다만, 이나 계곡에서 혼자 보낸 나만의 시간이 없었더라면 나는 아직도 지극히 편협한 인간으로 남아있었을 거라는 사실만은 덧붙이고 싶다.

18
내 안의 부를
어떻게 발견하여
표현할 것인가가 관건

'요즈음 우리 현실에서 가장 절실한 것이 무엇인가'라고 묻는다면, 나의 대답은 '스스로 만족할 줄 아는 사람이 진정한 부자'라는 사실을 깨달았으면 하는 것이다.

전후 70여 년이 지난 오늘날은 굶주림의 문제도 거의 해결되었고, 물질적인 혜택도 어느 정도 누리고 있다. 그럼 다음으로 추구해야 할 것은 무엇인가. 즉, 앞으로 우리는 무엇으로 살아야 하는가의 문제로 귀결된다. 내 생각에 그건 물질적인 것이 아닌 새로운 '부', 즉 새로운 가치를 창조하는 일이다. 그렇다면 새로운 부와 가치란 어떤 것일까. 그건 바로 자기 속에 내재된 가능성이나 잠재력을 최대한 발견해내는 일이 아닐까 싶다. 내 안에 잠재된 능력을 찾아내서 개발하고 키워가는 일, 그것이 우리가 해야 할 가장 시급

하고도 의미 있는 일이라고 생각한다.

우리는 날 때부터 다양한 능력을 지니고 태어난다. 그러나 대부분 사람은 자신이 가진 능력의 20% 밖에 사용하지 않는다고 한다. 더욱이 요즘처럼 풍족한 환경 하에서는 능력은 그보다 훨씬 덜 발휘된다고 한다. 그러는 게 사는 데는 더 편하다는 이야기다.

그러면 우리가 가장 순수하게 기쁨이나 즐거움을 느끼는 순간은 어느 때인가 생각해보자. 그건 바로 자기도 모르고 있던 잠재력이 발휘될 때가 아니겠는가. 그런데 잠재력은 자신이 진정 하고 싶어서 하는 것, 의무가 아닌 좋아서 하는 것, 재미있어서 자발적으로 하는 것일수록 그 숨은 능력이 마음껏 발휘된다. 취미든 공부든 연애든, 무엇이든 상관없다. 자신의 생명력을 살아 움직이게 하는 일이라면 뭐가 되었든, 성취감은 배가되고 만족감은 높아질 것이다.

유럽의 어느 심리학자는 '자신의 능력을 어떻게 발전시키느냐가 인생의 목적'이라고 했는데, 맞는 말이다. 물질적 풍요가 인간을 만족시키는 데는 한계가 있다. 인생이란 결국, 자기 내면의 감춰진 부를 얼마만큼 발굴해서 밖으로 표출하느냐, 그것을 통해 타인과 어느 정도 교감할 수 있느냐가 중요한 문제라고 생각한다. 아무리 돈을 많이 벌어서 나누어준다 한들 당장은 좋을지 모르겠으나 그런 일은 금방 끝을 보기 마련이다. 하지만 자기 속의 보물을 찾아내 나누는 일은 긍정의 바이러스를 대가 없이 퍼트리는 일이다. 그러니 자기 내면에서 찾아낸 보물을 다른 사람과 함께 나누는 일에 좀 더 관심을 가져보자.

물론 생각처럼 쉽진 않을 것이다. 5, 60세까지는 가족에 대한 의무, 사회적 책무에 등 떠밀려 오로지 일하는 데 시간의 대부분을 쓸 수밖에 없는 게 현실이니까. 하지만 장년기가 지나고 사회에서 '이제는 필요 없다'는 소리를 듣게 되는 날, 자신에게는 과연 무엇이 남을까도 한번 생각해보자.

그렇게 사회에서 밀려나게 됐을 때, 스스로 자신의 내면을 개척할 아무런 수단도 준비돼 있지 않다면 남은 인생은 우왕좌왕, 어쩌면 그대로 좌초해버릴지도 모른다. 그러니 사회 안에서 일하고, 사회에서 배우고, 사회가 지원을 해줄 때라도 무작정 앞만 보고 달리지 말고 가끔은 쉬어가며 주위를 둘러보는 시간을 갖도록 하자. 그러면서 자기가 진정 하고 싶은 일, 좋아하는 일이 무엇인지를 찬찬히 살펴보자. 당장은 실행하지 못하더라도 가정의 의무, 사회적 책무에서 벗어났을 때를 위해서 말이다.

19

공간의 소중함에
관심을 가지면

노자는 『도덕경』 제1장의 첫머리에 '도라고 이름 붙일 수 있다면 그것은 진정한 도가 아니다', 즉 도란 이름 붙일 수 없는 것이라 했다. 또한 '이것을 도라고 말한다 해서 그것이 도는 아니다'라고도 했다. 왜냐하면, 도라고 말하고 있는 너 자신이 바로 도니까. 이렇게 말하면서 갑자기 보이지도 않는 도를 우리 눈앞에 불쑥 갖다놓는다. 이런 뜻밖의 이야기는 사람들을 적잖이 어리둥절하게 만들지만, 그러나 맞는 말이다. 도는 세상에 미치지 않는 데가 없어서 당신에게도 나에게도 골고루 깃들어 있다. 단지 그것을 느끼느냐, 못 느끼느냐의 문제일 뿐이다. 이렇게 노자가 보여주는 세계는 우리 인식의 한계를 뛰어넘는 새로운 것이다.

노자는 우리가 인식할 수 없는 영역을 '무無'라고 한다. '무'란 없다는 말이 아니고 감지되지 않는다는 뜻이다. 도의 기운은 우리의 몇억 배, 몇조 배, 말하자면 상상을 불허할 정도로 크다. 그 큰 기운은 우리의 안에도 밖에도 작용하며, 인간이 인식할 수 없는 곳까지 작용하면서 우리를 살리고 있다.

수학을 생각해 보자. 1, 2, 3, 4, 5……라는 숫자가 발견될 때까지, 수학은 제한적 단계에 머물러 있었다. 그러나 '영, 제로'라는 개념이 발견되면서부터 비약적으로 발전했다.

노자는 이 '제로'의 발견자다. 제로란 우리가 나온 곳이며 돌아갈 곳이기도 하다. '무'라는 세계는 그러한 제로와 같은 작용을 하는 영역이다. 그렇다고 '무'의 세계가 어딘가 멀리 있는 것은 아니다. 우리들 아주 가까이에 있으며, 당연히 우리 안에서도 끊임없이 작용하고 있다. 우리가 느끼든 느끼지 못하든 말이다.

컵에 담긴 물은 마시면 없어진다. 그리고 없어져야 다시 물을 채울 수가 있다. 따라서 컵은 '무', 즉 '텅 빈' 공간이 있기 때문에 컵인 것이다. 이 공간이 없다면 컵은 컵이 아니게 된다. 따라서 컵의 결정적 유효성은 컵 안의 빈 공간이다. 그렇다면 컵의 정체성은 컵 그 자체가 아니고, 컵의 빈 공간인 셈이다.

이 이야기는 『도덕경』 제11장에 나오는 이야기로, 노자는 이런 식으로 세상과 사물을 바라본다. 빈 공간 쪽에서 사물 보기, '무' 쪽에서 세상 보기. 이것이 노자가 우주와 세상을 바라보는 시각이다. 이러한 무의 공간을 평소 우리는 전혀 인식하지 못하고 있다. 사회라는 곳은 공간의 빈틈을 메우기에 급급한 조직이기 때문이다.

공간이란 쓸모없다고 마치 쓸어 없애야 할 부분처럼 취급을 한
다. 하지만 공간의 소중함에 관심을 돌리고 '비워두자'는 생각을
할 수 있다면, 그런 사람은 한결 넉넉한 마음으로 세상을 살 수 있
을 것이다. 우리의 마음에, 머리에 그리고 시간에도 빈자리를 마련
해 보자. 그 빈곳의 헐렁함은 우리의 꽉 막혀있던 기운이 기지개를
켜고 재가동을 시작하는 소중한 에너지의 원천이 되어 줄 것이다.

생명의 코드로 노자 읽기

20
인간은 규칙이 없는
세상에서 왔다

인간이 무리를 지어 집단을 만든 이상 거기에 규칙이 필요하다는 것은 자명한 사실이다. 사회 규칙에는 도덕이나 법률, 윤리, 양식, 예의 등이 포함된다.

그러나 처음 인간이 만들어지던 때를 생각하면 그곳에는 규칙이 없었다. 인간은 규칙이 없는 세상에서 온 것이다. 그리고 죽을 때는 다시 규칙이 없는 저세상으로 돌아간다. 이것은 규칙을 넘어서는 또 다른 거대한 규칙이다. 이 거대한 규칙은 도덕이나 법률과 같은 사회의 규칙으로는 도저히 계량할 수가 없다. 가늠조차 안 된다.

만약 사회 안에 이 거대한 규칙이 들어온다면 사회 규칙은 단숨에 조잡하고 별볼일 없는 허접한 모양새로 전락하고 말 것이다.

때문에 사회 규칙으로 인간 집단을 조종하려는 정치가나 교육자에게 이 거대한 규칙은 거추장스럽고 방해만 될 뿐이다. 유교적인 원칙론자나 도덕론자에게도.

물론, 도덕 같은 사회 규칙을 중시하는 일이 잘못이라는 말이 아니다. 지금 사회에는 싫든 좋든 합당한 논리라고 생각한다. 그 사실을 부정하진 않는다. 다만, 사회가 도덕이나 법률로만 지배하려 들고 거기에 기계까지 가세해서 강력한 힘으로 인간의 생명력을 위협한다면, 사람은 숨이 막혀 어찌 살겠는가. 그래서 나는 노자를 이야기하는 것뿐이다.

노자는 되풀이해서 이런 말을 한다. '사회에는 규칙이란 것이 필요하겠지만, 그 근저에는 사회 규칙을 뛰어넘는 인간의 생명 규칙이 있다'고.

지금처럼 숨 막히도록 경직된 세계에서 잠시라도 우리를 해방시켜 줄 단 하나의 길, 우리의 생명이 조금이라도 자유로워지는 길을 나는 노자를 통해 알려주고 싶을 따름이다.

21
흥미도 없는 일에
얽매 있으면 쉬이 늙는다

'화단畫壇의 선인仙人'이라 불리는 구마가이 모리카즈熊谷守一라는 사람이 있다. 아버지가 도의원과 시장을 지낸 집안의 자제였으나 철저한 예술가 기질로 평생 가난한 삶을 살며, 오직 그림 그리는 일로 일생을 보낸 화가다.

그가 초등학교에 다니던 시절의 이야기다. 선생님이 학생들에게 항상 '훌륭한 사람이 되어야 한다'고 훈시를 하니까, 그 말을 들은 구마가이 소년은 '모두가 다 훌륭한 사람이 되면 이 세상은 훌륭한 사람으로 넘쳐나지 않겠나. 그러니 나 하나쯤은 그런 잘난 사람이 되지 않아도 상관없겠지'라고 생각했다고 한다. 구마가이 씨는 그런 사람이다.

그는 아흔 일곱의 나이까지 살았는데, 마지막까지 이런 말을 했다.

"나는 남보다 뒤떨어져도 개의치 않고, 남들이 무슨 말을 하건 일체 신경 쓰지 않은 채, 묵묵히 내 길을 걸어왔습니다. 말하자면 비국민인 셈이지요."

말은 그렇게 했지만, 그는 일본 미술사에서 빼놓을 수 없는 인물이다. 처음에는 야수파 화가로 자리매김했는데, 나이가 들면서 차츰 단순한 화풍을 구사하며 자신만의 독특한 회화 세계를 구축했다. 아이들 같은 순수한 화경畫境이라든지, 동양화 풍의 고졸古拙한 운치가 묻어나는 작품은 수많은 애호가의 사랑을 받았다. 말년에는 국가로부터 '문화훈장'이 추서되었으나, 사람들이 찾아오는 게 성가시다는 이유로 끝내 훈장 받기를 거부했다. 그 후로도 국가에서 주는 '서훈敍勳'마저 거절했다.

그는 죽기 서너 달 전까지도 붓을 놓지 않았는데, 그때는 이런 말을 남겼다.

"별다른 욕심은 없지만, 아직 더 살고 싶은 마음이 있다오."

얼마나 근사한 말인가. 더 살고 싶은 욕구는 아흔 일곱의 나이에도 여전한 법이다. 나도 나이를 먹다 보니 그 심정이 이해되는데, 구마가이 씨는 그 나이에도 삶을 즐겼던 것이다. 일상 속에서 살아가는 의미와 즐거움을 찾을 수 있다면, '더 살고 싶다'는 말을 할 수 있는 것이다.

사람은 흥미를 느끼지 못하는 일에 얽매 있으면 쉬이 늙는다. 나도 최근에는 건망증이 심해져서 집 전화번호도 깜빡깜빡할 때가 있다. 하지만 좋아하는 영어는 여전히 읽을 수 있다. 매일 밤 잠들기 전에는 책도 꾸준히 읽는다. 너무 재미있어서 잠을 놓쳐버리는 밤이 종종 있을 정도다. 심오한 책은 오히려 전보다 더 이해가 깊어진 느낌도 든다.

다시 말하지만, 사람은 무언가 흥미를 느끼는 일을 계속할 수 있으면 약해지지 않는다. 구마가이 씨는 그림에 대해 깊은 내면에서 우러나오는 흥미가 있었기에 의지가 꺾이지 않은 것이다. 그렇기 때문에 '더 살고 싶다'고 말할 수 있었으리라.

당신도 좋아하는 것을 손에서 놓지 말기 바란다. 여성은 이것저것 할 수 있는 일이 많지만, 남자들은 할 줄 아는 게 별로 없다. 부인은 부디 남편에게 '좋아하는 것 좀 찾아보라'고 독려해주기 바란다. 무엇이라도 상관없다. 화초를 가꾸든, 요리를 배우든, 기계를 만지작거리며 놀든……. 어쨌거나 재미있다고 느끼는 마음, 무언가를 하고자 하는 그 마음이 중요하다. 그런 일에서 자신의 가치를 발견할 수 있다면, 마음은 평화와 자유를 동시에 느낄 수 있으리라 믿는다.

22
자연의 움직임은
스며들지 않는 곳이 없다

어느 날 나는 거실에 누워 빈둥거리며 옆방에서 들려오는 피아노 소리를 듣고 있었다. 아무리 볼륨을 높여도 누구 하나 말하는 사람이 없으니, 산속 오두막은 음악 감상하기에는 더할 나위 없는 곳이다. 그날 들었던 음악은 베토벤의 피아노 소나타 중 '열정'이라는 곡이었다.

한여름이라 창문은 있는 대로 열어둔 참이었다. 계곡에서 불어오는 바람으로 건너편 숲이 두런거리듯 술렁대고 있었다. 눈부신 햇살을 받은 이파리들은 바람이 불 때마다 가볍게 흔들리며 반짝이는 빛을 반사했다. 숲의 술렁거림과 이파리의 반짝거림은 내가 누워있는 실내까지 잔잔한 파도처럼 밀려들어 왔다. 나는 누운 채 그런 자연의 몸짓을 온몸으로 느끼고 있었다.

그러다 갑자기 피아노곡이 전혀 다른 느낌으로 울려 퍼졌다. 나를 둘러싼 자연과 음악이 하나로 어우러져 녹아드는 것 같았다. 참으로 신비로웠다. 격정적인 감정의 떨림처럼, 피아노 소리와 내 몸의 생명력이 하나가 되어 용솟음치는 듯했다. 인간이 만들어낸 예술이라기보다 자연 그 자체의 격렬한 몸짓으로 느껴졌다.

나는 문득, 베토벤도 이 곡을 쓸 때 지금의 나처럼 자연 그 자체의 소리를 들었던 것은 아닐까라는 생각이 들었다. 그가 모든 재능을 쏟아부어 표현하고자 했던 것은 이런 자연의 소리가 아니었을까 하는……. 물론 스쳐 지나가는 생각이었지만, 그때는 그런 생각에 강하게 사로잡다.

비슷한 경험은 또 있다. 그때는 늦은 밤이어서 브람스를 틀어두었다. 나는 마루 끝에서 멍하니 밖을 내다보고 있었다. 마침 보름이어서 덤불숲에는 하얀 달빛이 내려앉았고 사위는 온통 엷은 푸른빛으로 덮인 가운데, 풀벌레가 쉴 새 없이 울어대고 있었다. 그러던 어느 순간, 풀벌레 소리와 브람스가 하나의 음악으로 연주되고 있다는 느낌이 들었다. 그러자 나도 벌레소리와 브람스 속으로 들어가 거기에 함께 녹아들고 싶다는 강한 충동을 느꼈다. 이 또한 신비스러운 느낌이었다.

이런 순간에는 인간 문명조차도 자연의 일부라는 생각이 든다. 자연의 움직임이란 스며들지 않는 곳이 없으며, 동시에 나 자신에게도 깃들어 있다는 사실을 온몸으로 느낀다. 그리고 어떤 자각이 찾아온다. 이런 것이 바로 도이고 노자가 아닐까 하는. 나는 막연히 생각에 잠긴다.

도는 스며들지 않는 곳이 없어서, 나에게도 당신에게도 깃들어 있다. 그리고 인간이 만들어내는 모든 문명이나 예술, 그 어떤 것에도. 그리고 이 모든 것을 품을 수 있는 커다란 '자연'이라는 존재, 그것이 바로 도다.

생명의 코드로 노자 읽기

23
부드러움은 날 때부터
우리 몸에 새겨 있다

부드러움. 사실 이 단어 자체가 사회적 이슈로 부각된 일은 한 번도 없다. 왜일까? 사회적 통념에 비추어 남성 필자가 논제로 삼기에는 머뭇거려지는 주제여서일까? 아니면 논리적으로 설명하기에는 모호한 주제여서일까? 아무튼 우리는 노자를 발견하기 전까지는 '부드러움'에 얼마나 깊은 생명의 원리가 내재되어 있는지를 모르고 있던 것만은 확실하다.

'부드러움' 하면 그 반대는 '강함'일 것이다. 남성들은 당연히 후자 쪽에 더 가치를 둔다. 강한 것은 위대하다든지, 이기는 쪽이 훌륭하다든지, 확고한 것이 승리한다든지 하면서. 그런 남성중심의 사고가 팽배하던 시대에는 나 역시 그랬다. 그러나 노자를 만나고서 비로소 부드럽고 약한 것이 얼마나 가치 있는 덕목인가를 깨우치게 되었다. 진정으로 그런 사실을 받아들이게 된 지는 그리 오래되지 않았다. 불과 최근 5, 6년 사이의 일이다. 그런데 그 사실을 받아들이자 세상을 보는 눈이 신기할 정도로 달라졌다.

『도덕경』 총 81편 가운데 여덟 편 정도에서 부드러움이나 약함에 대해 언급하고 있으니, 노자에게 있어서 '부드러움'이 얼마나 비중 있는 주제인지는 미루어 짐작할 수 있겠다. 그중 부드러움의 의미가 가장 잘 드러나 있는 부분은 제36장일 것이다.

유약승강강柔弱勝剛强. '부드럽고 약한 것이 굳세고 강한 것을 이긴다'는 뜻으로,『도덕경』 전체를 통해 일관되게 흐르고 있는 노자의 기본 사상 가운데 하나다.

그런데 이 논리는 세상의 일반 상식으로는 얼른 이해하기 힘들다. 강하고 굳센 것이 부드럽고 약한 것을 이긴다는 게 사회적 통념이니까. 나도 처음에는 이 말이 얼른 와 닿지 않았다. 그러나 시간이 지남에 따라, 노자는 우리의 상식과는 전혀 다른 차원에서 이런 이야기를 하고 있다는 사실을 깨달았다. 아니, 노자는 항상 상식적이고 보편적인 이야기를 한다. 하지만 거기에는 상식을 뒤엎는 통쾌한 반전과 본질을 꿰뚫어보는 심오한 혜안이 있어서 매번 우리를 놀라게 할 따름이다.

또한 노자는 '부드러운 것은 위에 있고, 강한 것은 아래 있다'라고도 한다. 앞에서 인용한 구절과 뜻은 같지만, 나중 구절은 생명의 원리에 관한 것이다. 노자의 이 말 속에는 생명의 참모습에 대한 깊은 성찰이 담겨 있다.

식물이 강한 뿌리를 밑으로 착실히 뻗어내리면 그 꼭대기에서 부드러운 꽃이 핀다. 식물은 뿌리가 있어야 살 수 있지만, 동시에 생명을 생산하는 꽃이 있어야 번식을 한다. 꽃은 그 식물의 생산을 담당하는 것이다. 이렇게 생명이란 단단한 뿌리를 딛고 가장 연약한 곳에서 피어난다. 그것이 바로 생명의 원리인 것이다.

또한 살아있는 것은 부드럽고, 죽으면 딱딱하게 굳어버린다. 사람도 튼튼하고 강해 보이는 사람이 의외로 일찍 세상을 뜨고, 약한 듯 여리여리한 사람이 오래 사는 경우를 흔히 봐왔을 것이다. 단적으로 말해서 여성 쪽이 강하다고 하면 이해하기 쉬울지 모르겠다.

'연약軟弱'의 '약'은 약하다기보다 유연하고 부드럽다는 뜻이다. 부드러움은 어머니한테서 오는 것이고, 강함은 아버지에게서 온다. 우리 모두 어머니라는 존재에서 태어난 이상 어머니의 부드러움이 자각하지 못하더라도 이미 우리 몸속에 새겨져 있는 셈이다. 어쩌면 자각하지 못하는 사이에 물려받은 것 가운데 가장 훌륭한 품성이 부드러움이 아닐까 생각한다. 따라서 부드러움은 누가 가르쳐주지 않아도 저절로 깨우칠 수 있는 것이며, 성장하는 동안 그 사람을 살리는 힘이 된다. 이건 아주 중요한 사실이다.

사회에서 부드러움을 표현하는 말에는 위로라든가 자비, 인정, 동정, 친절 등 여러 가지가 있다. 그러나 동시에 사회란 그 속성 상, 부드러움만으로는 안 된다는 사실을 계속 심어주려 한다. 강해져라, 상대에게 지지마라 하면서 끊임없이 싸움의 논리를 주입하며 부드러움을 말살하려 한다.

현실 세계에서는 성격이 강하지 못한 아이를 보면 '저래 가지고 사회에 나가서 사람 구실이나 제대로 하겠나'라며 걱정을 늘어놓는다. 생명 그 자체의 강인함을 믿지 못해서 지키고, 가두고, 똑똑해질 것을 강요한다. 그러는 사이에 인간은 양육강식이라는 사회 논리에 마비되면서, 그 안에서 공포심이나 경쟁심을 키워간다.

하지만 인간은 최초로 맛보았던 저 부드러움을 잊어선 안 된다. 부드러움은 이미 우리의 무의식 속에 깊이 뿌리내리고 있으니, 우리 모두는 마음속 깊은 곳에 부드러움을 간직하고 있다. 그리고 생명이란 그런 부드러움에 의해 길러지는 것이다.

노자는 인간의 성정 저 바닥에는 부드러움이 있다는 것을 믿었다. 얼마 전에 달라이 라마의 불교에 관한 책을 읽었다. 그 책에는, 불교의 본질은 부드러움이라고 쓰여 있었다. 또 불교는 부드러움 그 자체라고도 했다. 노자도 부처도 그리고 아마 예수도, 정신적인 지도자들은 모두 인간의 생명과 그 부드러움을 이해하고, 생명의 힘인 부드러움을 전하려 했던 것이리라.

24
사랑이 없는
자기 방어만으로는
행복해지지 않는다

현대를 살아가는 사람은 어쩌다 공포에 둘러싸인 형국이 돼버렸다. 그건 아마 외부의 자극에 반응하는 과정에서, 자신을 지키려는 형태로 생각을 발전시켜왔기 때문이 아닌가 싶다. 바꿔 말하면, 인간은 자신의 생각을 외부세계에 대한 '자기방어'의 형태로 형성해왔다는 것이다.

텔레비전이나 신문 같은 매체에서는 인간의 공포심을 자극하는 정보를 쉴 새 없이 쏟아낸다. 나는 어려서부터 그 점이 늘 이상했다. 왜 신문에는 매일 좋지 않은 기사만 실리는 걸까, 왜 사람들을 웃게 하는 재미있고 신나는 기사는 없을까 하고. 그런데 알고보면 그것도 자기방어 심리와 관련이 있는 것 같다. 즉, '세상에는 이러이러한 나쁜 일들이 많이 있으니 당신들도 조심하시오'라는 식으로 말이다. 어쩌면 사람들의 방어심리를 건드려 관심을 끌어보려는 건 아닌지 하는 생각이 든다.

지금 세상에도 그런 뉴스거리들은 사방에 널려있다. 조금만 주의해서 보면 신문이나 텔레비전, 인터넷을 통해 달갑지 않은 뉴스나 부정적인 정보, 끔찍한 사건 사고들이 시시각각 터져 나온다. 이러한 정보에 끊임없이 노출되면서 우리의 자기방어 기재는 본능적으로 작동한다. 그러나 이런 식의 자기방어 의식만으로는 인간은 행복해지지 않는다. 왜냐하면 사랑이란 함께 나누는 것인데, 자기방어는 그것을 거부하기 때문이다.

물론 애초에 인간이 사회를 만든 것은 살기 위해서였다. 옛날 원시사회에서는 공동체로 함께 살지 않으면 생존할 수 없었으니까. 그와 동시에 내부적으로는 다퉈서 이기지 않고는 살아남을 수 없었을 것이다. 상대를 물리쳐야 자기가 살 수 있다는 투쟁의식과 경쟁의식은 그때부터 인간의 유전자에 깊이 새겨졌을 것이다.

그러나 노자는 이러한 현상들을 넘어선 곳에 있는 사랑에 대해 말한다. 도가 말하는 그 근본에 있는 사랑을 말이다. 노자는 그 사랑을 자애로움이라고 한다. 자애로움은 영어로는 '러브love'로 번역되거나, 또는 동정, 연민이라는 뜻의 '컴패션compassion'으로 번역된다. 컴패션은 '패션passion을 함께하는 것', 즉 사람과 사람이 감정을 함께 나눈다는 의미. 누군가 불행한 일을 당했을 때 그 불행을 같이 느끼고 공감하는 것이 컴패션이고, 이는 사랑 가운데서도 가장 따뜻한 것이다. 왜냐하면 이것은 '두려워하지 마, 괜찮아' 하면

생명의 코드로 노자 읽기

서 어깨를 빌려주는 것이기 때문이다.

사람은 자신을 지키려는 방어의식만으로는 행복해지지 않는다. 다른 사람의 아픔과 고통을 함께 느끼고, 두려워하지 말라며 어깨를 내주는 마음이야말로 노자가 말하는 사랑이고 자애로움이 아니겠는가.

도라는 골짜기는 결코 마르지 않는 샘이다
'신비의 어머니'라든가 '모든 것의 어머니'라 불러 마땅하다
이 '신비의 어머니'에게 통하는 문으로 들어가면
천지의 뿌리, 도의 근본에 도달하리라
거기서 솟아오르는 샘물은 결코 멈추는 일이 없다
이 생명의 물은
아무리 퍼내고 퍼내도 마를 날이 없구나

『도덕경』 제6장에 나오는 대목이다. 이 부분은 도의 근본에 닿아 있는 내용이어서 의미가 심오하다.

만물은 끊임없이 생성되면서 이어진다는 생명의 신비를 여성성에 빗대서 말하는데, 나는 여기서 특별히 어머니의 사랑, 자애로움을 느꼈다. 결코 멈추는 일이 없고, 퍼내고 퍼내도 마를 날이 없는 것 중에 어머니의 사랑만한 것이 어디 있겠는가. 이 사랑으로 두려움을 이겨내자고 노자는 말하는 것이다.

25
예상을 빗나가는 것에서
의외의 재미를 느껴보자

일전에 '사람으로서 보다 잘 사는 방법'에 대해 강연해 달라는 의뢰를 받고 당혹스러웠던 적이 있다. 나는 그다지 '잘 사는 방법'으로 살고 있지 않기 때문이다. 보다 잘 사는 방법에 대해서는 누구라도 생각해 보았을 것이다. 나도 이따금 생각한다.

그러나 통상적으로 '보다 잘 사는 방법'이라고 하면 사회생활을 하는데 있어서 잘 살아가는 방법일 것이다. 그런데 나는 모범적인 사람, 훌륭한 사람, 사회에서 칭찬하는 사람이 사는 방식으로는 살아오지 않았다. 그저 '내 자신에 있어서 보다 잘 사는' 방식대로 살아왔을 뿐이다. 사회에 도움이 되고, 평판도 좋고, 돈도 어느 정도 벌고…… 그런 일은 나로선 할 수 없었다. 때문에 이나 계곡으로 들어온 것인지도 모른다.

이나 계곡으로 들어와서 절실하게 느낀 것은, 보다 잘 사는 방법이란 자신에게 정직하게 사는 일이라는 사실이다. 사회에서 칭찬받지 못하거나 좋은 평판을 얻지 못하더라도 자신에게 정직하다면 그다지 불행하지는 않다는 게 내 생각이다. 사회의 기준을 좇아 열심히 살다가 돌아오는 것이 하나도 없으면, 얼마나 허탈하고 비참한 기분이 들겠는가.

그렇다면 나 자신에게 잘 사는 방법이란 무엇일까. 그건 자기에게 관대해지는 것이다. 다시 말하면, 얼마만이라도 좋으니 스스로 조금 더 자유로워지라는 이야기다. 나는 내가 위험하다고 생각될 때는 사회의 기준을 따르지만, 그렇지 않은 경우라면 가능한 한 기준과는 상관없이 살려고 했던 인간이다.

단적으로 말해서, 인생을 재미있게 살 것인가 말 것인가는 자기 자신을 얼마만큼 받아들일 수 있느냐에 달린 문제라고 생각한다. 물론 모든 걸 다 받아들일 수는 없을 것이다. 그러나 자신에게 예상치 않은 일이 일어났을 때는 과감히 그것을 받아들이고, 그 일이 돼 가는 대로 맡겨보자는 말이다. 기대했거나 계획했던 일이라면 대충 자기 능력 범위 안의 일일 것이다. 그러나 예상을 벗어난다는 것은 의외로 또 다른 재미있는 상황으로 번질 가능성이 있다. 따라서 예상을 빗겨갔다고 해서 '그런 건 예정에 없던 거니까 안 돼!'라고 거부하지 말자. 그러면 스스로를 좁은 울타리 안에 가두는 결과밖에 되지 않는다.

예를 들어 경치도 마찬가지다. 이름난 명승지나 관광지가 아름답기로 소문이 나서 찾아가보면, 거기서 거기인 경우가 대부분이다. 사진에서 보던 대로의 경치에 사람만 많아서 짜릿한 감흥 같은 건 어디서도 느껴볼 수가 없다. 그러나 어쩌다 해질녘에 이름 모를 한적한 해변을 걷고 있을 때를 상상해보라. 뉘엿뉘엿 저물어가는 석양빛에 발그레하게 물드는 주위와 서쪽 하늘가가 형언할 수 없는 신비한 빛깔에 둘러싸여 있는 광경을 목격한다면 그때의 기분은 어떻겠는가. 그 뜻밖의 아름다움에서 어떤 이름난 경치보다 설레는 감흥과 정취를 느낄 것이다.

사람과의 만남도 그렇다. 우연히 조우한 누군가와의 만남을 소중히 한다면, 거기서 새로운 인연이 싹트고, 그 인연으로 어떤 신비한 일이 생길지는 아무도 모른다. 그런 만남은 몇 살이 됐든 나이와도 무관하다.

자신을 보다 너그럽게 놓아두자. 그러면 우리는 계획하지 않았던 더 많은 자유와 기쁨을 만날 수 있을 것이다.

　　　　　　　　　　　　　생명의 코드로 노자 읽기

26
마음에서 마음으로 전하는
살아 있는 말
'구어체'

여기저기 노자에 관한 글을 쓰거나 강연을 다니다보면, 노자의 원문을 좀 더 쉽게 이해할 수 있는 책이 없는가 하는 질문을 자주 받는다. 노자의 원문인 『도덕경』은 총 5,000자 정도로 아주 간결하지만, 간결한 만큼 난해하다. 그런 만큼 시중에 나온 노자의 현대어로 번역한 책들은 저자에 따라, 또는 시대적으로 어떤 판본을 참고했느냐에 따라 해석과 내용에 많은 차이가 있다.

이 각기 다른 책 가운데는 나의 번역본도 있는데, 나 스스로는 비교적 쉽게 풀이해 놓았다고 생각한다. 그렇다고 해서 나의 책이 가장 노자의 원문에 가깝다고 주장하는 것은 결코 아니다. 오히려 나는 원문에 충실하기보다는 시적 감수성으로 이해하고 접근했다.

나는 노자가 뛰어난 시적 영감을 지닌 인물이라고 굳게 믿고 있다. 처음 영문으로 만난 노자한테 그런 인상을 강하게 받았기에 최대한 그 느낌을 살려 번역했다. 즉 노자를 영문으로 읽으면서 떠오른 시상詩想을, 원문을 토대로 자유로운 시 형태로 옮긴 것이다. 또한 나는, 노자가 자신의 글을 살아있는 '구어체'로 적었으리라고 확신한다.

중국의 역사가인 사마천의 『사기』를 바탕으로 말년의 노자의 정황을 재구성해보면 이런 모습이 아니었을까. 노자는 중국 춘추시대 말기의 인물로, 주周나라가 기울면서 세상이 어지러워지자 관직을 버리고 훌쩍 떠났다. 고향을 등지고 세상을 떠돌던 노자는 중국을 벗어나려 국경지대의 관문인 함곡관函谷關을 통과하려고 했다. 그때 마침 성문을 지키고 있던 윤희尹喜라는 국경지기가 노자를 알아보고 불러 세웠다. 그는 노자가 세상을 버리고 어딘가로 은둔하려는 사실을 눈치 챘던 것이다.

"노자선생, 이대로 가시면 다시는 선생을 못 뵐 것 같으니, 이제까지 말로만 가르치던 것을 글로 남겨주십시오."

그는 노자의 발길을 붙잡았다. 그렇게 해서 기록으로 남게 된 것이 모두 5,000자에 이르는 글이었는데, 후세 사람들이 이를 일러 『도덕경』이라고 했다는 전설 같은 이야기다. 그런가 하면 노자의 책은 여기저기에 떠도는 말을 모아놓은 것으로 애초에 노자라는 인물은 없었다는 설도 있다.

하지만 나는 그렇게 생각지 않는다. 왜냐하면 노자의 사상은 하나의 흐름으로 일관돼 있기 때문이다. '다투지 마라', '물과 같아

생명의 코드로 노자 읽기

라', '약한 것이 강한 것이다', '비워야 채워진다'처럼 어느 대목을 짚어 보더라도 모순된 점이 없다. 나는 이런 글들이 모두 일상적인 대화에서 쓰는 '구어체口語體'로 쓰였을 것이라고 추측한다.

나는 '구어체'야말로 살아있는 언어라고 생각한다. '말한다'는 것은 언어생활의 대단히 중요한 부분이다. 옛날 책들을 보면 '자왈子曰'이라고 하는데, 영어로는 'he said'라고 해서 '그는 말했다'일 터이다. 공자가 '교언영색선의인巧言令色鮮矣仁'이라고 했다면, "교언영색에 인이란 없다"라는 식으로 말하지는 않았을 것이다. "말 잘하고 표정을 꾸미는 사람치고 어진 이가 드물다"라고 살아있는 구어체로 말하지 않았을까? 나는 틀림없이 그랬으리라고 믿는다. 부처 또한 그렇다. 불경에는 어렵게 쓰여 있지만, 본래 부처의 말은 마음에서 마음으로 전하는 '구어체'였다고 확신한다. 후대의 기록이나 책이 애초 발화된 말에서 살아있는 생명력을 빼앗아간 것이다.

이런 현상이 가장 두드러지게 나타난 것이 노자다. 시중에 나와 있는 각종 해설본은 노자의 말을, 마음으로 전하는 '구어체'에서 가장 멀리 쫓아버렸다. 나는 누가 비난하든 말든 개의치 않고 자연스러운 언어로 노자를 번역했다. 노자에게 쉽게 다가가려면, 그의 글을 읽을 때 살아있는 '구어체'로 읽어보자. 그러면 노자의 마음에 한결 쉽게 다가갈 수 있을 것이다.

27
인간 속에는
정반대의 두 얼굴이 있다

나는 바둑을 즐기는 편이다. 요코하마에 살던 시절, 내 집에서 멀지 않은 곳에 근대 문학관이 있었는데, 그곳의 관장은 나카노 코지中野孝次라는 인물로 작가다. 나하고는 오랜 바둑 친구로, 때때로 만나서 바둑을 두는 사이였다. 내가 3단이고 그는 4단인가 5단이었다.

어느 날 시간이 나서 그가 있는 곳으로 찾아가 바둑을 두게 되었다. 첫 번째 대국에서는 내가 이겼다. 그래서 나카노가 약간 열받았다. 두 번째 대국에서도 내 쪽의 우세가 확실해 보여, 나는 콧노래를 부르며 마무리 수순에 들어갔다. 그러나 나카노가 시간을 질질 끌며 물고 늘어지는 통에, 잠시 방심했던 나는 어이없는 실수로 그만 패하고 말았다. 그래서 다음 번은 우리 집으로 오라고 해서 세 번째 대국을 겨루었다.

한마디로 대국은 세 번 다, 투전판 싸움꾼들 먹살잡이처럼 작전도 계획도 없이 마구잡이로 엉겨 붙는 모양새였다. 상대가 잠시라도 틈을 보이면 사정없이 다리를 걸어 넘어뜨리는 식의 치졸하기 짝이 없는 바둑이었다.

나카노로 말할 것 같으면 바로 그 무렵 저 유명한 『청빈의 사상』으로 크게 이름을 떨치던 시기였다. 나도 읽어보았다. 일본의 고명한 수행자나 고승들의 행적을 '청빈'의 코드로 풀어간 것인데, 과연 훌륭한 책이었다. 책은 단숨에 베스트셀러 자리에 올랐다. 어렵다면 어려울 수 있는 인문 사상서가 그렇게 큰 히트를 친 사실에 놀라지 않을 수 없었다. 아무튼, 그런 『청빈의 사상』을 쓴 남자와 노자의 책을 쓴 남자 둘이 자신을 내팽개치고 정신없이 맞붙은 것이다. 대낮부터 세 차례나.

나카노가 돌아가고 나자, 나는 열적은 기분에 가만히 있을 수가 없어서 동네를 한 바퀴 천천히 돌았다. 그때 문득 이런 생각이 들었다.

'바로 며칠 전까지만 해도 강연회에 나가서 노자가 어떻다느니, 다투지 말라느니, 남 앞에 나서지 말라느니 하면서 한바탕 떠들고 온 마당에 이 무슨 꼴인가' 하고 말이다. 생각하니 어이가 없어서 헛웃음만 나왔다. 나란 인간도 참 별 수 없구나 하고.

나카노도 그런 생각을 했는지 어땠는지는 알 수 없다. 그러나 나카노도 절대로 지고는 못 사는 성격인 것만은 분명하다. 험담 좀

하자면, 『청빈의 사상』으로 그렇게나 대박이 났으면서도 말이다.

이처럼 인간이라는 존재 속에는 전혀 다른 두 개의 얼굴이 있다. 어느 한쪽일 수만은 없다.

나도 게임에서는 승부욕이 강한 편이다. 일상의 다른 일에서는 '먼저 하시죠' 하면서 선뜻 양보를 잘한다. 여기저기 다니면서 '다투지 마라'라며 점잖은 소리도 줄곧 해댄다. 그런데 유독 바둑판 앞에 앉기만 하면 웬일인지 없던 투지가 되살아나서, '어, 이자 보게나!' 하면서 상대에게 눈꼬리를 치켜세우며 바둑돌을 탕탕 내리칠 것 같은 심사가 되곤 한다. 인간이란 그렇게 재미있는 존재다.

그런가 하면 바쇼도 '울적한 나를 쓸쓸하게 해다오' 같은 시를 쓰긴 했으나, 속내를 들여다보면 꼭 그렇지만도 않았다. 세상을 요령 있게 헤쳐 나갈 만큼의 속기俗氣도, 또 그것만큼의 제자들을 단속하는 관리 능력도 있던 사람이었다.

이처럼 인간이란 서로 모순되는 요소를 안고 있는 존재다. 인간 존재에 대한 이런 인식은 살아가는 동안 많은 도움이 된다. 언제나 하나의 존재라 해도 그 안에는 두 개의 내가 있다. 그것은 하나에서 나눠진 둘이고, 그 둘은 대립하지 않는 하나다.

생명의 코드로 노자 읽기

28
아름다움이란
더러움이 있어서
아름다운 것

서구 사람들이 온갖 논리를 내세워 구축한 사고의 체계를 철학이라고 한다. 그 방대한 철학에도 단 하나, 그들이 미처 깨닫지 못한 것이 있다.

'아름다움이란 더러움이 있어서 아름다운 것이다.'

바로 이 부분이다. 더러움이 없다면 아름다움도 없다. 또한 아름다움이 없다면 더럽다는 개념도 있을 수 없다는 사유의 세계……

즉, 아름다움과 더러움은 동전의 양면처럼 어느 한쪽만으로는 성립될 수 없다는 이야기다. 서구 사람들이 소크라테스 이후 2,500 년에 걸쳐 이룩한 사고의 체계 어디에도 이런 식의 사유는 찾아볼 수 없다.

누가 '당신은 아름답다'고 한다면, 거기에는 대비되는 반대의 사람이 있으니까 그것과 비교해서 아름답다고 하는 것이다. 아름답다고 말하는 순간, 그 말의 이면에는 '추하다'는 개념이 저절로 생겨난다. 따라서 '아름답다'와 '추하다'는 결코 분리할 수가 없다.

선과 악도 마찬가지다. 만약 온통 '악'이었던 시대가 있었다면, 아무도 그걸 '악'이라 말하지 않았을 것이다. '선'을 알고 나서야 '악'이 무엇인지를 알게 된다. 반대로 악을 알아야 선이 무엇인지 분별이 생긴다. 이처럼 두 개의 개념은 따로 존재하는 것이 아니고, 동전의 양면처럼 앞면과 뒷면이 붙어 다니는 것이다. 따라서 앞면이 없어지면 뒷면도 사라진다.

그런데 여기서 한 가지, 이론적으로는 맞는 것 같으면서도 맞지 않는 것이 있다. '있다'와 '없다'의 경우를 보자. '있다'고 하는 것은 '없다'는 것이 있으니까 '있다'고 하는 것일까? 그렇게 되면 '있다'는 것은 '없다'는 것과 한가지인 셈이 된다. 이처럼 논리적으로 성립되지 않는 것은 언어 같은 빈약한 도구로는 설명할 길이 없다.

언어구조라는 것이 논리구조에 의한 것이라면, 아름다움과 추함이 일체—體가 돼있는 상태를 나타내는 언어란 우리에겐 없는 셈이다. 언어란 아름다움과 추함을 '나눠서' 이해하기 위한 것이고, '나누지 않고' 하나로 이해할 수 있는 영역에는 언어란 것이 없다. 세계 어디에도 이 영역을 표현할 수 있는 언어는 없다.

이러한 사유는 이분법적 사고에 굳어버린 서구 사람에게는 상당히 낯설면서도 신비스러운 부분이다. 동시에 자신들의 논리구조

생명의 코드로 노자 읽기

에 허를 찔린 듯한 뜨끔함을 느끼게 하는 부분일 수도 있다. 또한 자기들이 무언가 엄청난 실수를 하고 있는 건 아닌가, 되짚어 보게 하는 대목이기도 하다.

나 자신도 이 부분은 명쾌하게 설명하기 힘들다. 다만 인용할 수 있는 것은 '불이不二'라는 말이다. 풀이하자면 '둘이 아니다'라는 뜻이다. 그냥 '일一'이라고 하면 '이二'와 대립되는 개념이 돼버리니까, '둘이 아니다'라는 부정적인 표현밖에 쓸 수 없는 것이다. 깊게는 알지 못하지만, 중국 선종禪宗의 제3대 조사祖師인 승찬僧璨이라는 선승이 '불이'라는 말로 표현하고 있다. 승찬은 6~7세기 사람으로 선어록禪語錄인 신심명信心銘을 쓴 인물인데, 이미 그 시대에 '둘로 나눌 수 없는 세계가 있다'는 말을 남긴 것이다.

이런 이야기가 어렵게 들린다면, 디지털 세계 저 너머에 또 다른 기운이 작용하는 세계가 있다는 것만을 기억해 주었으면 한다. 나머지는 다 괜찮다.

29
모른다는 것을
안다는 것이 큰 지식이다

얼마 전에 스즈키 다이세쓰鈴木大拙 씨의 『무심에 대하여』라는 책을 읽었다. 우연이었다. 늘 책장 한구석에 꽂혀 있던 것을 그날 문득 눈에 띄어서 꺼내 들었다. 스즈키 씨는 지금으로부터 백여 년 전의 선승으로 일본 안팎에서 다양한 활동을 펼쳤는데, 특히 미국에 처음 일본 불교를 포교하기도 했다.

그 책은 스즈키 씨 젊은 시절의 역작으로, 무심無心의 경지에 대해 논하면서 중국의 오랜 선승의 일화도 소개하고 있다. 노자에 관해서라면 나도 한마디 거들 수 있는 사람이지만, 선승이 어떻고 하는 선문답에는 미치지 못하는 바가 크다.

아무튼 여기서는 책 이야기를 하려는 것이 아니고 스즈키 씨와 관련된 내 이야기를 해보려 한다.

스즈키 다이세쓰 씨는 1952년에 미국 클레어몬트 대학에서 강의를 했다. 그리고 나는 1953년에 클레어몬트 대학으로 유학을 갔다. 그리고 그 대학에 가서야 전년도까지 스즈키 씨가 강의를 했다는 사실을 알게 되었다. 그 이야기를 전해들을 당시엔 나는 그저 '아, 그랬어요?' 하고 대수롭게 않게 생각했다. 그리고 이제까지 잊고 있었다. 그런데 이번에 책에서 스즈키 씨의 이력을 보고서야 '아, 그랬었구나!' 하면서 그때 그 일이 생각났다. 5, 60년이나 까맣게 잊고 있었던 것이다.

나는 이십대 중반에 장학금을 받으려고 미국의 여러 대학에 편지를 보냈다. 1950년대만 해도 미국으로의 유학은 결코 쉬운 일이 아니었다. 그런데 클레어몬트 대학 한 군데서만 어디의 누군지도 모르는 내게 장학금을 주겠노라는 답장을 보내왔다. 그때 나는 갑작스러운 유학 결정으로, 이 행운이 어떻게 내게 오게 되었는지 찬찬히 생각해 볼 겨를이 없었다. 아무튼 나는 장학금이라는 혜택을 얻어서 미국으로 갈 수 있었다. 그런데 60년이나 흐른 지금에서야 '아, 그랬구나!' 하는 깨달음이 왔다.

클레어몬트 대학이 그때 왜 내게 장학금을 주었나 했더니, 스즈키 씨가 그곳에 있었기 때문이다. 장학금이 절실한 고국의 유학생을 위해 힘을 써준 이가 바로 스즈키 씨였던 것이다. 그러니 내가 지금 이렇게 있는 것도 스즈키 씨 덕분이라는 이야기인데, 그 사실을 아는데 60년이 걸린 셈이다.

게다가 나는 미국에 가서야 비로소 영어를 배웠다. 대학에서 영문학을 전공한 사람이 무슨 소리냐고 하겠지만, 현지에 가서 보니 나의 영어실력은 초보 수준에도 못 미치는 것이었다. 클레어몬트에서 미국 사람들 사이에서만 지내다 보니 영어가 차츰 내 속으로 들어오기 시작했다. 그 후로 몇 십 년이 지나자 마침내 영어와 일본어가 비슷한 느낌으로 자유로워졌다. 그런 과정을 거치고 나서 노자를 영역본으로 접하게 되었는데, 그때는 노자가 그렇게 쉽게 와 닿을 수가 없었다. 나는 기꺼이 노자의 세계로 걸어 들어갔다. 노자를 통해 선禪의 세계도 조금씩 알게 되었다. 그렇게 해서 오늘의 내가 있게 된 것이다. 이 모든 것이 클레어몬트가 나를 끌어주었기 때문이고, 그 일의 시초는 스즈키 씨였다.

하나의 사건이 다음 사건을 불러오고, 그것이 다음의 또 다른 사건을 불러오는 식으로 60년에 걸쳐 이어졌다. 누가 일부러 계획을 세운다 해도 이렇게 커다란 움직임으로 멀리까지 미치도록 하지는 못했을 것이다. 새삼 알 수 없는 인연 앞에 숙연해진다. 이러한 인연을 과연 '불연佛緣'이라고 해야 하나. 어디선가 '세상의 불연이란 만인의 자유로운 벗인 것을!'이라는 시구를 읽은 기억이 나는데, 불연이 한참을 돌고 돌아서 내게도 닿았나보다. 이렇게 뜻밖에 인연의 소중함을 알고 나니 마음이 말할 수 없이 평화롭다.

30
자기 속에서
생명력이 샘솟는다

어느 회사원이 성공적으로 업무를 수행하여 높은 실적을 올렸다고 하자. 하지만 그것은 '자기'가 했다고 할 수 없다. 엄밀히 말해서 거기에는 '자기'가 없기 때문이다. 실적을 올리는 데는 조직 내의 시스템이라든가 관련된 구성원, 기계의 이용 등 여러 요소가 맞물려 있기 때문이다.

조직이나 기계 같은 주변 장치나 도움에서 벗어나 순수하게 혼자만의 '자기'로 돌아갔을 때, 내면의 자기 능력만으로 다시 한 번 도전할 수 있는 사람은 과연 얼마나 될까. 손에 가진 것 하나 없는 벌거숭이 상태가 되었을 때, 실망하지 않고 '이때야말로 기회다' 하고 마음을 다잡고 투지를 불사를 수 있는 사람이 과연 몇 명이나 되겠느냐 말이다.

맨손으로라도 다시 한 번 도전하는 용기와 능력, 사회의 온갖 규제뿐 아니라 보호에서도 떨어져나와 온전히 혼자가 되었을 때, 좌절하지 않고 자기 속의 생명력을 끌어올려서 '자, 이제부터다!'라고 말할 수 있는 용기와 능력…… 그 같은 용기와 능력이야말로 '도'라고 생각한다.

'도'란 그런 용기와 능력을 불어넣는 힘이다. 도가 아니면 어떻게 그런 능력을 발휘하겠는가. 우리에게 도만큼 힘을 줄 수 있는 그 무엇을 지금의 나로선 어디서도 찾을 수가 없다. 노자를 시들시들한 노인네쯤으로 여길지 모르겠지만, 천만의 말씀이다. 싱싱한 에너지로 충만한 존재다.

지금 내가 이런 이야기를 하고 있는 것도 당신 속의 '도'를 느끼기 때문이다. 당신 속에도 도가 있고 내 안에도 도가 있어서 서로 교류하고 있다는 말이다. 그만한 느낌도 없이 이런 이야기를 한다면, 나는 그저 어쭙잖은 교사에 지나지 않을 것이다.

31
세 가지의
소중한 것

노자의 이야기 중에 '세 가지 보물'이라는 것이 있다. 『도덕경』제
67장에 나오는 말이다.

우선, 첫 번째는 '사랑', 서로를 살리는 사랑이다. 두 번째는 '검
약'이다. 절약이라는 말이지만 인색하다는 뜻은 아니다. 자기가 가
진 것에 만족하여 남의 것을 욕심내지 않는다는 의미다. 즉 마음이
충분히 흡족한 상태를 말한다. 그리고 세 번째는 의외겠지만 '남들
앞에 나서지 마라'라는 것이다. '사랑하는 것'과 '만족하는 것' 다
음에 이런 현실적인 주제가 튀어나온다는 것이 노자의 재미있는
점이다. 노자의 말은 뜬구름 잡는 이야기가 아니다. 이 세상을 훤
히 꿰뚫어 보고 하는 말이다.

그런데 생각해보면 이 세 가지는 의외로 잘 어울리는 조합이

다. 왜냐하면 인간이라는 존재 안에 이러한 것이 골고루 섞여 있기 때문이다. '사랑'이라는 형이상학적 주제를 고상하게 말하면서도 속으론 좀 더 먹고 싶다든지, 돈을 더 갖고 싶다든지 하는 현실적 욕구가 얼마든지 생길 수 있다. 그렇잖은가. 노자는 그런 현실을 놓치지 않았다.

또한 노자는 '다투지 마라'라고도 한다. 이 말은 사람을 훈계하거나 명령하려는 것이 아니다. 공자는 '무엇 무엇을 하시오'라든가 '무엇 무엇은 하지 마시오' 혹은 '이런 식으로 하시오, 저런 식으로 하시오' 하며 지침을 준다. 공자는 하나의 이상 사회를 구현하기 위한 모범답안 같은 규범을 제시한다.

그러나 노자가 '다투지 마라'라고 할 때는 어떤 규제나 규범을 말하는 것이 아니다. '원래 자연의 본성은 다투지 않는 법, 그러니 당신의 자연스러운 본성에 따라 움직인다면 당신은 싸우지 않는 존재라오'라고 말하는 것이다. 인간은 자연의 일부일 때는 다투지 않는다. 사회로 들어왔을 때 다툰다. 따라서 노자의 '다투지 마라'라는 말 속에는 규제나 금지가 들어 있지 않다. 자연의 본성에 따라 사는 사람의 자유로움이 담겨 있다.

이렇듯 도는 이론이 아니다. 무슨 방법론도 아니고, 훌륭한 사람의 설교도 아니다. 노자는 무엇이 인간을 움직이는가를 인식하고, 그가 인식한 것을 전해주려 할 뿐이다. 나를 움직이고, 당신을 움직이고, 우리 모두를 가장 깊은 곳으로부터 움직이게 하는 그 무엇, 그것이 도라는 것을 일깨워준다. 그렇다면 노자가 도에 대해

　　　　　　　　　생명의 코드로 노자 읽기

말했던 것조차 도의 작용이라고 해야 하려나…….

사실 노자는 '이렇게 하시오, 저렇게 하시오'라는 말을 일체 하지 않는다. 노자는 그저 '해보자'고 할 뿐이다. '물을 보자', '책을 읽자', '좀 더 큰 세계로 눈을 돌리자'라는 식으로 말이다. 그렇게 하다 보면 도를 느낄 수도, 느끼지 못할 수도 있다. 그것조차도 '어느 쪽이든 상관없다'고 한다. 도는 억지로 되는 것이 아님을 누구보다 잘 알기에 강제하지 않는 자유로움 속에서 도를 느끼도록 하는 것이다.

32

우리들 속에는
나도 모르는 낯선
'자기'가 있다

우리는 생활 속에서 얼마나 자기의 내면을 들여다보며 살고 있을까. 아마 대부분 사람은 그럴 기회조차 갖지 못한 채 살아갈 것이다. 자기 내면을 들여다본다는 것은 어떤 것이라고 생각하는가. 자기 내면이란 '자기가 무엇을 생각하고 있는가'가 아닌 '자기는 무엇을 생각하지 못하는가' 하는 것이다.

자, 단 5분이라도 좋다. 홀로 어딘가에 앉아서 자신의 머릿속에서 움직이는 생각을 좇아가보자. 눈을 감으면 더욱 좋고. 한 번 해보자. 자신이 의도하지 않아도 분명 머릿속은 쉴 새 없이 움직일 것이다. '아, 어제는 거기 가길 잘 했어'라든가 '내일은 이런 일을 해야지'라든가. 내버려두면 머릿속 생각이 어디까지 굴러갈지 모른다. 자기가 굳이 생각하려고 하지 않아도 말이다. 그러다 잠이라

생명의 코드로 노자 읽기

도 들어버린다면 별 문제겠지만, 깨어 있는 동안은 잠시도 쉬지 않고 머리가 돌아간다. 다음에서 또 그 다음으로 생각은 끊어지지 않고 이어진다.

하지만 그렇게 생각을 뒤좇는 사이에 아주 잠깐 단 0.1초, 아니 0.01초만큼 생각과 생각 사이에 단락이 끊어지는 순간이 생긴다. 온갖 생각이 꼬리에 꼬리를 물고 떠오르지만, 어느 순간 문득 '떠오르는 생각을 뒤좇고 있는 것은 누구인가'라는 느낌이 들 때가 있다.

우리 머리에 끊임없이 떠오르는 생각이란 일이나 인간관계처럼 살아가는 문제거나, 화가 난다든지 걱정이 된다든지 하는 감정과 관련된 내용일 것이다. 그런데 '어, 금방 이 생각이 지나갔는데, 이번에는 이 생각이 떠오르네' 하면서 지켜보고 있는 무언가가 느껴진다. 그것은 살아가는 문제나 감정과는 관련이 없는 바로 자기 자신이다. 이게 대체 무슨 일인가? 우리 속에는 어찌된 일인지 머리를 끊임없이 움직이고 있는 자기와, 그것을 바라보는 또 하나의 '자기'가 있다.

이해하기 힘들겠지만, 그것이 노자가 말하는 '도'라는 부분이다. 어지간히 조용히 가라앉아 있지 않으면 보이지 않는 부분, 바쁘게 몰아칠 때는 절대로 보이지 않는 부분이다. 왜냐하면 바쁠 때는 쉴 새 없이 돌아가는 머리와 자신이 일체가 돼있기 때문이다. 그러나 조용히 침잠해 있다 보면, 빙글빙글 돌아가는 머리를 한쪽에서 지켜보고 있는 또 다른 자기가 얼핏 보일지 모른다. 본인 스스로가 그 순간을 포착할 수 있는가가 관건이다.

그러고 보니 문득 생각나는 일이 있다. 나는 번잡스러운 도쿄 서민 동네의 약삭빠르고 머리가 쌩쌩 잘 돌아가는 장사치들 틈에서 자랐다. 따라서 나 자신도 머리 하나는 잘 돌아가는 편이었다. 그런 시절에도 공원의 음악당에서 열리는 연주회에는 곧잘 쫓아다녔다. 그런데 아무리 감동적인 음악에 빠져 있다가도 느닷없이 엉뚱한 생각이 머리에 떠오르곤 했다. 그리고 일단 머리에 떠오른 생각 쪽으로 마음이 기울면 음악 같은 건 귀에 들어오지도 않는다.

그래서 언젠가는 이런 생각까지 해봤다. '이런 근사한 음악을 듣고 있는데도 딴 생각이 나는 걸 보니, 그건 아마 굉장히 중요한 일일 거야, 잊지 말고 꼭 기억해둬야지'라고 말이다. 그런 얍삽한 생각을 해내다니, 역시 장사치 동네에서 자란 아이답다고 해야 하나? 그런 멋진 음악을 방해하면서까지 머리에 떠오른 생각이란 고작 '맞다, 그 애한테 편지 쓴 게 언제였지? 요즘 통 못썼잖아'라는 식이었다. 그래서 집에 돌아온 즉시 여자애한테 편지를 쓴 적도 있었지만 말이다.

머리에 갑자기 뛰어든 생각조차 소중히 여기던 철없던 때가 있었지만, 그로부터 '아, 나는 이런 생각을 하고 있구나' 하며 자신의 머릿속 생각을 들여다볼 수 있게 되기까지 거의 70년이라는 시간이 걸렸다. 인간은 아마 죽을 때까지 생각하며 느끼며 깨달아가는 존재인가 보다. 그러니 당신은 초조해 하지 않아도 된다. 지금 당장 실행하지 않아도 괜찮다. 나는 내 머릿속을 들여다 보는데 70년이 걸렸으니 말이다. 다만 지금 이 이야기를 언젠가 한 번쯤은 떠올려 보기를 바랄 뿐이다.

　나는 도에 대해서 잘 알지 못했다. 그러나 머리를 바쁘게 움직이는 자기를 들여다 보는 '자기'가 아마 도에 연결돼 있는 것은 아닐까라는 생각이 들면서 나의 마음은 말할 수 없이 평온해졌다. 온갖 걱정을 하는 내가 있고 계산하거나 생각하면서 머리를 굴리는 나도 확실히 있는데, 그런 자기를 보고 있는 또 다른 '자기'가 있다니! 그리고 이것이 연결된 세계가 어쩌면 도일지도 모른다는…….

33
인간이 알지 못하는
절정의 순간

여름이 되면, 집 마당 가득히 핀 꽃에 온갖 벌레가 날아든다. 그 곤충의 움직임을 보고 있노라면 실로 놀라움을 금치 못한다. 어떻게 그리 열심일 수 있을까. 그 열중의 강도에는 감탄하지 않을 수 없다.

우선 나비를 보자. 꽃에 빨대 같은 대롱을 뻗어 꿀을 쭉쭉 흡입하고는 얼른 다른 꽃으로 날아가서 또 대롱을 꽂는다. 벌도 마찬가지다. 이 꽃에서 저 꽃으로 분주히 옮겨다니며 잠시도 쉬지 않고 꿀을 모은다.

곤충이 꿀을 흡입할 때의 속도와 정확함이란! 한치의 망설임이나 머뭇거림 없이 단숨에 해치운다. 곤충이 꽃의 꿀을 직접 빨아들일 때의 느낌은 어떤 것일까? 깊은 떨림이 있는 황홀감은 아닐지……. 곤충은 그 아름다움과 기쁨을 분명히 의식하고 있는 듯 느

꺼진다. 이처럼 자연에는 우리 인간은 알지 못하는 달콤한 황홀경
이 넘치도록 있다.

사실 예술이라는 것은 그런 황홀경의 세계를 어떤 식으로든 재
현해보려는 것이 아니겠는가. 그 황홀한 무아경의 세계를 제대로
묘사해낼 수 없기에 불만에 가득 찬 나머지 우울한 예술을 만들어
내는 것은 아닐까 하는, 그런 생각이 문득 들었다.

다시 곤충의 세계로 가보자. 지난번에 언뜻 보니, 장미 꽃잎에
무언가 까만 것이 붙어 있었다. '무얼까?' 하고 가까이 다가가보니,
조그맣고 까만 풍뎅이 두 마리가 겹쳐 있는 게 아닌가. 빨갛고 화
려한 장미꽃잎 위에서 한창 짝짓기 중이었다. 어찌 이런 일이! 나
는 화들짝 놀라 물러서고 말았다. 이런 호사스러운 일은 인간에게
는 절대로 주어지지 않을 듯싶다. 석가모니는 연꽃 위에서 깨달음
을 얻었다지만.

우리를 둘러싼 이 자연이 만들어내는 기쁨, 그 기쁨이 어떤 종
류의 것이든 다시 한 번 발견할 수 있다면 당신 속에도 기쁨이 찾
아올 것이다. 왜냐하면 우리도 자연의 일부니까. 비록 우리는 인
공의 세계에 살고 있지만 결코 자연에서 떨어진 존재가 아닌 것
이다.

34
들어 있는 것을 비우면
새로운 가능성으로 채워진다

우리는 물건 자체가

쓸모 있는 거라고 생각하지만

사실은 물건 안쪽에

아무 것도 없는 빈 공간이

진짜 쓸모 있는 것이다

이것은 『도덕경』 제11장에 나오는 구절이다. '빈 공간'이라는 뜻의 '허虛의 개념'은 노자의 사상 중에서도 단연 걸출한 데가 있다. 무엇보다 허의 사상에는 고정관념에서 벗어난 자유로운 상상과 상식을 뒤집는 발상의 전환이 뛰어나다. 즉 아무 것도 없는 텅빈 공간이 에너지의 원천이라고 한다. 아무 것도 없기에 에너지가 충분히 가동할 수 있고, 반면 무언가로 채워 있으면 물건 그 자체의 에너지 밖에 끌어내지 못한다는 말이다.

이런 사유는 어디에서 오는 것일까. 그건 아마도 예리한 직관에서 나오는 듯 하다. 즉, 아무 것도 없이 텅 비어 있으면 그 안에는 무엇이든 들어갈 수 있다. 100% 가능성이 열리는 장場이 된다. 그러나 무언가로 채워져 있다면 금세 한계에 이르고 만다. 거기에는 어떠한 가능성도 개입할 여지가 없다. 물론 채워져 있는 것을 끄집어낸다면, 다시 또 새로운 가능성으로 채울 수 있다. 얼마나 비범한 발상인가.

만약 가진 돈이 많은 부자라면 그것을 과감히 나누어줘 보라. 그러면 또 다른 가능성이 얼마든지 찾아온다. 그런데 현실에서 당신 자신은 어떤가. 항상 '돈이 부족해, 돈이 좀 더 있었으면……' 하면서 돈, 돈 하지는 않는지. 하지만 '부족함', '채워지지 않음'은 당신을 움직이는 또 다른 원동력이 될 수 있음을 잊지 말자. 부족하기에, 채워지지 않기에 그 공백을 메우기 위해 더 열심히 움직이게 된다. 그러다 돈이 잔뜩 생겼다고 가정해보자. 자기도 모르는 사이에 삶의 활력은 점점 떨어지게 될 것이다. 허의 의미란 바로 그런 것이다.

그런데 돈이야 그렇다 치고, 문제는 우리의 정신 쪽이 더 심각하다. 머릿속에 온갖 것을 끌어안고 사는 사람이 의외로 많다. 마치 한약방의 서랍장처럼. 본 적이 있을 것이다. 자잘한 서랍이 잔뜩 달린, 한약재를 넣어두는 약장 말이다. 아마 우리의 머릿속도 그렇지 않을까.

수많은 서랍에 아이 때의 기억부터 학교에서 배운 것, 책에서 본 것, 어디선가 주워들은 상식까지 켜켜이 쟁여두고 수시로 열었다 닫았다를 반복하며 살고 있다. 심지어는 불필요한 걱정 근심까지 얹어서 말이다. 그러지 말고 서랍을 전부 탈탈 털어서 모두 끄집어내 보자. 그리고 그것들을 한데 뒤섞어보라. 거기서 섞이고 익어서 발효돼 나오는 것들이 당신을 멋진 개성으로 탈바꿈해 줄 테니, 한번 해보지 않겠는가?

이제라도 머릿속 서랍장에 칸칸이 저장해둔 묵은 것들을 모두 꺼내서 과감히 버려 버리자. 그렇게 하면 새로운 생각과 넘치는 상상력이 당신에게 또 다른 가능성의 문을 열어줄 것이다. 당연히 빈 공간 덕분에 당신의 머릿속은 한결 가볍고 자유로워지리라고 믿는다.

생명의 코드로 노자 읽기

35
우리 몸에서
머리의 명령은
극히 일부분이다

우리 인간은 머리의 명령으로 손발을 움직이며 살고 있다. 대체로 그렇지 않을까. 그런데 머리의 명령을 벗어나서 몸이 먼저 움직이는 순간이 있는데, 어느 때라고 생각하는가. 예를 들어 첫눈에 반할 때? 그럴지도 모르겠다. 만나자마자 확 끌려서 단숨에 사랑의 포로가 되어버리는…….

또 있다. 긴박한 상황에서 발휘되는 인간의 초인적인 힘도 그렇지 않을까. 화재 현장에서 평소 같으면 엄두도 못 낼 무거운 금고를 끌어안고 나온다든지, 자식의 위기를 수십 km 떨어진 곳에서 어머니가 감지해낸다든지 하는 불가사의한 경우 말이다. 물론 그런 일은 극히 예외적인 상황이긴 하지만. 아무튼 그런 경우, 머리의 명령이 아니라면 대체 어떤 힘이 작용하는 것일까. 우리는 그걸 직관이라든가 본능, 충동이라는 말로 부른다.

인간의 몸에서 머리의 명령과 상관없이 움직이는 부분이 얼마나 되는지 생각해본 일이 있는가? 이른바 자율신경과 관련된 것으로 심장이 움직이는 것, 위가 소화를 시키는 것, 눈을 깜빡이는 것 등은 머리의 명령으로 움직이지 않는다. 무의식 속에서 자동적으로 움직인다. 바꿔 말하면, 우리가 자신의 심장을 멈추려고 해서 멈춰지는 것이 아니고, 위장 운동을 그만두려 해서 그만둬지는 것이 아니라는 말이다. 즉, 우리 몸의 중요한 장기 대부분은 머리의 명령으로 조종되지 않는다.

이처럼 몸 전체를 두고 볼 때, 머리의 명령이란 극히 일부분에 지나지 않는다. 본다든가, 듣는다든가, 걷는 일처럼 머리의 통제에서 벗어나 있는 기능은 수도 없이 많다. 이 같은 사실을 접하다보면 우리의 인식도 근본적으로 달라져야 하지 않을까 싶다.

우리가 어디선가 인상 깊은 강연을 들었다고 하자. 집에 돌아가면 무슨 이야기를 들었는지 그 내용까지 샅샅이 기억하지는 못한다. 기억이 난다 해도 시간이 지남에 따라 강연 내용은 차츰 기억에서 사라진다. 그런데 뇌리에서 까맣게 사라진 줄 알았던 어느 순간에 문득 그때 그 강연이 떠오를 때가 있다. 그런 경험은 누구나 있을 것이다. 그럴 때 생각나는 것은 강연의 내용보다는 강연장의 분위기, 연사의 목소리, 표정 같은 '느낌'에 관한 것이기 쉽다. 그 느낌이 몸속에 남았다가 머리를 움직여 기억으로 재생해 내는 것이다.

생명의 코드로 노자 읽기

다시 말하면, 머리의 기억은 의외로 빨리 사라질 수 있다. 그러나 자전거라든가 수영, 춤 같은 것은 어릴 적에 한번만 익혀두면 몇 십 년이 지난 후라도 금방 다시 할 수 있다. 몸으로 기억된 것은 머리의 기억보다 오래 남는 것이다. 그만큼 우리 몸의 능력은 대단하다. 그러니 이제부터라도 머리만 떠받들고 사는 일은 다시 생각해봐야 하지 않을까?

36

먹고 입는 걱정이
없어지면 그 다음은?

'의식衣食이 풍족해야 예절을 안다'라는 말은 중국 고전에서 나왔다. 사람은 먹고 입는 걱정에서 놓여나야 비로소 타인이나 자신을 돌아볼 여지가 생긴다는 말이다. 유교에서는 그렇게 말하지만, 노자는 '의식이 풍족해야 내적 자유를 안다'고 한다. 아니, 직접 그렇게 말하지는 않았지만 노자는 필시 그랬으리라고 생각한다.

내적 자유란 자기 속에서 움직이고 있는 '그 무엇'에 충실한 것을 말한다. 자기 속에서 움직이는 '그 무엇'이란 대체 무엇일까. 다름 아닌 본능적인 욕망이다. 외부 자극으로 움직이는 것이 아닌 자기 안에서 스스로 작용하는 힘을 말한다. 그런데 그 힘에 따르는 것은 의식이 해결되고 나서의 일이라는 말이다.

외부 환경에 대한 기계적인 반응은 소용없다. 바깥에서의 요구

생명의 코드로 노자 읽기

를 거절하고 내면의 욕구에 따르는 것이 중요하다고 노자는 말한다. 그러려면 먼저 먹고 입는 일에 대한 걱정이 없어야 한다고. 그러나 대부분 철학자는 이런 현실적인 부분은 말하지 않는다. 그들은 형이상학적 논리나 사상에만 관심 있을 뿐, '의식의 문제가 해결되면 그 다음은 어떻게 해야 하나' 같은 현실적인 사안은 문젯거리로 삼지도 않는다.

노자는 그러한 물음에 대해 '자신의 내면으로 돌아가라'고 말한다. 자기 내면의 욕구에 따라 움직이는 인간이 되기를 바란다고. 왜냐하면 외부 자극에 대해 반응하는 일은 의미가 없기 때문이다. 도대체 외부의 자극이란 한도 끝도 없다. 먹을거리 다음에는 돈이 필요하고, 돈 다음에는 명성, 명성 다음에는 권력……. 말 타면 경마 잡히고 싶다고 욕심에는 끝이 없다. 괴로움이 끝나지 않는 무간지옥無間地獄이나 다름없다.

하지만 내면으로 한번 돌아가보자. '내 속으로 들어와보니 나라는 인간이 어지간히 돈을 벌고 싶어 하는군' 그렇다면 그렇게 하면 된다. 내면의 요구에 따라 움직이는 것이니까 괜찮다. 단, '이젠 그만하면 됐다'라고 생각될 때 스스로 멈출 수 있어야 한다. 스스로 시작하고 스스로 멈추었으니, 그로부터 새로운 무언가를 다시 시작할 수 있을 것이다. 자신의 욕망을 부정한다든가 하는 일은 하지 않아도 된다.

그렇다면 내면의 욕망의 정체는 무엇일까. 그것은 무엇보다 자신이 '정말로 좋아하는 것, 정말로 흥미 있어 하는 것'이다. 이러한 내면의 욕구에 따를 때라야 그 사람 속에서 에너지가 왕성하게 뿜어져 나온다.

우리가 외부 자극에 응해서 움직일 때는 기껏해야 에너지의 30% 정도밖에 나오지 않는단다. 그러나 내면의 욕구에 따를 때는 70%까지 가능하다고 한다. 정말로 불태우는 경우라면 100%까지도 나오겠지만, 가지고 있는 에너지를 100% 다 써버리면 어떻게 되겠는가. 아마 죽어버리지 않을까. 글쎄, 그럴까?

2, 30대 한창 나이에 죽은 화가나 예술가 천재가 적지 않은 것을 보면 전혀 틀린 상상은 아닐 듯하다. 저 유명한 고흐나 갓 서른에 유명을 달리한 사에키 유조佐伯祐三 같은 천재는 모두 그런 경우가 아닐까 싶다. 그래서 나처럼 오래 살아남은 인간은 노년이 돼서야 느지막이 시작한다. 나이를 먹는다는 건, 내면의 욕구에 따라 단계적으로 에너지를 충분히 발휘하라는 자연의 이치가 아니겠는가 하는 자기 합리화를 하면서 말이다.

그런데 인간은 3, 40대에서 50대의 장년기까지는 어쩔 수 없이 세상의 요구에 맞춰서 살아야 한다. 가장의 책임이나 사회적인 역할에 매어있으니 어쩔 수가 없다. 그 점에선 예술가 또한 크게 다르지 않다. 젊은 시절에 출중한 작품을 세상에 내놓으면, 그때부터는 주위에서 가만히 두질 않는다. 너도나도 똑같은 것을 만들어 달라고 성가시게 요구한다. 그러면 예술가는 어쩔 수 없이 자기 내면의 욕구가 아닌, 사회적 요구에 응해서 자신의 최초의 성공을 모방하는 일에다 능력을 허비하게 된다.

이렇게 사회에 부응하는 능력과 역량만으로 지탱해 가는 것이 2, 30대다. 그런 사람은 부지기수로 많다. 그렇다 해도 괜찮다. 언젠가 내면으로 돌아간다면 다시금 에너지가 뿜어져 나올 테니까. 하지만 거기에는 자기가 정말로 좋아하는 것, 정말로 흥미 있는 것을 한다는 전제조건이 필요하다. 좋아하지 않는다면 별 가망 없는 일이다.

다만, 이런 이야기는 나의 체험에서 나온 것이어서 내 나름의 자의적인 해석일 뿐이다. 하지만 얼마쯤이라도 공감이 가는 내용이 있다면, 그건 당신이 노자에 닿아 있음을 의미한다. 나의 생각은 결코 나의 것이 아니기 때문에.

37
자기가 사랑하는 것을
사랑하고,
하고 싶은 것을 하라

나는 도쿄의 간다神田라는 꽤 번잡한 동네에서 태어나 풀 한포기 없는 인공적인 곳에서 자랐다. 자라서는 대학에서 영문학을 전공하며 미국이나 서양문화에 접목되어 줄곧 그 세계에 젖어 살았다. 예순을 훌쩍 넘긴 나이에 시골로 들어와, 도시의 찌든 먼지를 털어내고 간신히 소생해서 그림을 그리기 시작했다. 그리고 지금은 노자와 인연을 맺고서 살고 있다.

왜 이런 이야기를 하는가 하면, 내가 어떻게 지금의 삶을 살게 되었는가를 더듬어 보고자 해서다. 나는 어린 시절부터 그다지 '기대치가 높지 않은 아이'였다. 학교 성적도 별로인데다 집에서는 형제들에게 치여서 눈에 띄지도 않았다. 동네에서는 천방지축으로 돌아다니는 개구쟁이 중 하나였다. 열세 명의 형제자매 가운데 열 번째였기 때문에 누구도 나를 두고 이래라저래라 참견하지 않았다.

그런 상황이다 보니 나는 내가 하고 싶은 것만을 하며 자랐다. 그렇게 방목한 채 내버려두는 것이 나로서는 오히려 좋았다. 대신 스무 살이 되도록 장차 내가 무엇을 해야 할지, 어떤 사람이 되고 싶은지 알지 못했다. 자신에게 어떤 능력이 있는지도 알 길이 없었다.

초등학교 시절부터 성적이 좋았던 적이 없어서 머리가 시원찮다는 생각은 했지만 영어만은 조금 해보고 싶었다. 그래서 시작한 영어가 나의 직업이 되었다. 그 후 예순 살 정도가 되자 내 속에도 무언가 창조적인 능력이 있는 게 아닐까 하는 느낌이 어렴풋이 들었다.

이것이 내가 살아온 대강의 이력이다. 이러한 예는 비단 나 한 사람만의 경우는 아닐 것이다. 당신들 가운데도 이 비슷한 이력의 소유자가 있으리라 생각한다. 여기서 중요한 것은 이제부터라도 어릴 적 부모에게서 간섭받았던, 다시 말해 좋은 교육을 받았던 사람은 그 이전의 자신을 떠올리며 부모에게서 받은 가르침을 과감히 버려보라는 것이다. 그렇게만 할 수 있다면 당신의 가능성은 반드시 다시 열린다. 부모뿐만 아니라 남이 가르쳐준 것도 전부 잊어버리기 바란다. 자기 내면 깊숙이 감춰진 능력은 나중에 배움으로 얻은 능력보다 훨씬 대단한 것이니까.

누구나 아이 적에는 꿈꿔 봤을 것이다. '이담에 크면 뭐가 될 거야!'라고. 그런데 그 꿈 위에 다음 사건이, 또 다음 사건이 계속 겹치면서 맨 처음 가졌던 꿈같은 건 제일 밑바닥에 묻힌 채 기억속에서 사라지고 만다.

즉, 평소의 자기라고 알고 있는 '나'라는 존재는, 실은 살아가면서 다른 사람들에 의해 만들어진 '나'일 뿐이다. 본래의 내가 아닌 것이다. 그러니 이제라도 무한한 가능성이 잠재된 어린 시절의 꿈을 깨워서 자신이 무엇을 하고 싶은지, 무엇을 할 수 있는지에 대해 다시 한 번 생각해보자.

그림을 그리라거나 시를 쓰라는 말이 아니다. 누구든지 자신이 사랑하는 것을 사랑하고, 자기가 하고 싶은 것을 하면 된다. 그때의 그 상쾌함, 그 자유로움을 당신 스스로 찾아내서 꼭 한번 음미해 보길 바랄 뿐이다.

생명의 코드로 노자 읽기

38

인간은 본래
엄청나게 큰 것을
받아들일 수 있는 존재다

지금 내게 '받아들이다'라는 말은 또 다른 커다란 세상을 의미한다.

어느 날 갑자기 비가 내린다고 치자. 그러면 '왜 또 갑자기 비야' 하고 툴툴거릴 것인가, 아니면 '비가 오는 것도 괜찮군' 하고 순순히 받아들일 것인가.

'받아들이다'와 비슷한 말로는 '받아두다' 나 '맡아두다'라는 말이 있는데, 이들 단어의 뜻은 다분히 수동적이다. 또, 두 단어 다 '상대에게 돌려주어야' 한다는 의미가 깔려 있다. 하지만 '기꺼이' 라는 의미가 포함된 '받아들이다'는 준 사람에게 돌려주지 않아도 된다. 또, 그 자리에서 돌려줄 수 있는 성질의 것도 아니다. 받아들인 다음, 자신의 깊은 곳을 거쳐서 나온 것을 이번에는 다른 사람에게 나눠주는 것이다.

'받아들이다'는 인간의 원초적인 기능이라고 생각한다. 왜냐하면 갓 태어났을 때는 받아들이는 일 외에는 할 수 있는 게 아무 것도 없으니까. 공기, 빛, 물, 모유, 주변 사람들, 모든 것을 받아들이며 자란다. 이처럼 '받아들이다'라는 행위는 인간이 커나가는 데 있어서 근본이 된다. 그러다 일곱 살, 열 살로 성장함에 따라 '받아들이다'는 차츰 '갖는다'로 변하지만, 그래도 받아들이는 감각은 결코 잊히지 않는다.

나는 장사하는 집에서 자라다보니 집안에는 돈이 도는 편이어서 갖고 싶은 것은 비교적 손쉽게 가질 수 있었다. 풍족하진 않았지만 자유롭게 구김살 없이 자랐다. 그러다 보니 자신을 부자유스럽게 하는 것은 조금도 받아들일 수 없게 돼버렸다. 군대에 가서는 도저히 못 참겠다면서 뛰쳐나올 뻔한 적도 있었다. 그럭저럭 넘어가긴 했지만.

사회에 첫발을 내디딘 것은 전쟁 직후였는데, 영어가 가능해서 번역을 한다든지 책을 낸다든지 하면서 꽤 바쁘게 살았다. 하지만 그 일에서도 삼 년 만에 손을 들어버리고는 미국행을 택했다. 돌아와서는 대학 강단에 서고……. 그러다 종당에는 가정생활을 받아들일 수 없어서 결국 이나 계곡으로 도망치고 말았다. 사회생활에서도 사람을 가리고, 누구하고도 가까이 지내지를 못했다.

그렇게 사사건건 받아들이지 못하던 인간이 마지막에야 '받아들이다'라는 단어 앞에 무릎을 꿇었다. 나는 도통한 사람처럼 말할 생각은 추호도 없다. 단지, 받아들이면 자유로워진다는 말을 하고 싶을 따름이다.

　어느 날 갑자기 비가 온다면 '또 웬 비야' 하고 투덜거릴 것인가? 좋아하는 사람이 냉담하게 대하면 '그래, 너 잘났다' 하고 서운해 할 텐가? 그건 무언가 바라는 바가 있어서 그러는 건 아닐는지……. '비라도 상관없어. 오히려 낭만적인데!', '싫어해도 괜찮아. 내가 널 좋아하니까!'라고 넉넉한 마음으로 받아들일 수는 없을까?

　인간은 본래 엄청나게 큰 것을 받아들일 수 있는 존재다. 마음으로 기꺼이 받아들일 때, 우리는 그만큼 넉넉해지고 자유로워질 수 있다. 나도 엄청나게 큰 어떤 것을 받아들이려고 벌써부터 마음의 준비를 단단히 하고 있다.

39
내 안에서
반짝이는 것

일상에는 어딘가 시시하고, 하찮은 구석이 많은 법이다. 그건 어쩔 수 없다. 하지만 옷감에 이따금 금색이나 은색 실이 섞여 반짝이는 문양을 만들어내듯, 우리 인생에도 재미있거나 멋진 일들이 간간이 섞여있어서 그럭저럭 견딜 만하다. 오히려 매일 매일이 반짝임의 연속이라면 지레 지쳐서 나가떨어지게 될지도 모른다. 그러니 지쳐서 나가떨어지지 않을, 딱 그 정도로만 반짝이는 무언가를 발견할 수 있다면 우리 삶은 그런대로 살 만하지 않을까.

내가 어떻게 이나 계곡으로 들어오게 되었는지를 돌이켜 보면, 바로 그런 반짝이는 무언가를 찾고 있었기 때문이 아닐까 싶다. 분명 내 안에도 타고난 반짝이는 무언가가 있을 텐데 그것이 무엇인지 오랫동안 찾지 못하고 있었다. 그때는 자신이 처한 현실에서 그

현실을 뛰어넘을 무언가를 갈구했지만, 그 대상이 무엇인지, 무엇을 원하는지 나 자신도 알지 못했다. 그런 욕구가 목에까지 차올랐을 즈음, 제자가 이나 계곡으로 안내해 주었다. 아래로는 강이 흐르고, 주변 계곡은 빽빽한 숲을 이룬 가운데 뒤로 병풍처럼 줄지어 늘어선 수려한 산등성이……. 보고 있자니 내 속에 번쩍 하고 섬광이 지나갔다. 벌써 35년 전의 일이다.

이나 계곡에 오두막을 짓고, 당시는 요코하마 대학에 재직하던 때라 주말이나 방학이면 그곳을 찾았다. 그것이 시작이다. 나의 인생에도 반짝이는 무언가가 있다는 사실을 의식하게 된 것이.

그날의 일은 나로선 '번쩍 하고 섬광이 지나갔다'라고 밖에 달리 표현할 길이 없다. 지체 없이 오두막을 짓고, 거처를 정하는 일에는 이유를 물을 수도 앞뒤 계산도 있을 수 없었다. 손익 계산으로 따지자면, 그런 곳에 홀로 찾아들어간 자체가 분명 어리석은 일이다. 그러니 당신에게도 권할 생각은 없다. 그런 식으로 시골에 틀어박혀야 반짝이는 무엇을 찾을 수 있다고도 말하지 않겠다. 평범한 일상 속에서 자신의 생활 방식을 허물어뜨리지 않고도 반짝이는 것은 얼마든지 찾을 수 있다고 생각한다.

분명 당신에게도, 자신을 반짝이게 할 무언가가 반드시 있을 것이다. 부디 희망을 잃지 말고 찾아보기 바란다.

40

우리는 예순 살까지는
'동물'이다

새해 벽두가 되면 으레 신문 한 면을 장식하는 것이 십이간지十二干支에 대한 기사다. 간지라 하면 통상적으로 쥐에서 시작해 돼지까지의 열두 동물로 나타내는 '띠'를 말한다.

우리는 띠에 대해서는 너그러워서, 사람을 만나면 나이보다 부담 없이 물을 수 있는 것이 '무슨 띠냐'는 말이다. 그런데 이것이 서양 사람한테는 아주 이상하게 비치는 모양이다. '왜 그런 미신 같은 걸 믿느냐'고 물으면 설명하는 데 여간 애를 먹는 게 아니다. 그러니 '양의 해에 기대되는 말띠 아가씨' 같은 문장을 영어로 번역하라면, 그저 두 손 들어야 할 판이다.

이런 열두 가지 동물은 띠뿐만 아니고 시간이나 날에도 붙어서 말馬날이 어떻다느니, 진시辰時는 어떻고 축시丑時는 어떻고 하면서 동물이 생활 깊숙이 들어와 있다. 그러나 서양 사람은 인간과 동물을 보다 확실하게 구별해서 생각한다. 그들에게 "당신은 00동물 같다"라고 하면 아주 싫어한다.

나는 돼지띠라서 저돌적으로 밀어붙이는 기질이 있다는 소리를 듣기도 하는데, 개띠인 사람은 충직하다든가, 토끼띠는 겁이 많다든가 하면서 이런저런 말들을 갖다 붙인다. 물론 한낱 속설에 지나지 않지만 내게는 예사롭게 들리지 않는다. 왠지 인간에게는 그런 동물적 본능이 있는 것 같은 생각이 들기 때문이다. 우리 모두는 그런 동물적 본능을 지니고 태어나서, 사는 동안 그 본능이 무의식중에 드러나는 것이 아닌가 하고 말이다.

인간의 본능 속에는 십이지 동물들의 속성이 조금씩 섞여 있다고 해도 과히 틀린 말은 아닐 듯하다. 호랑이 같이 용맹한 성질이라든지, 용처럼 가공의 것을 동경하는 기질이라든지, 소처럼 일을 잘한다든지……. 이런 식으로 인간 행동을 열두 동물의 성질에 빗대서 표현하는 민간 속설이 전혀 터무니없다고는 생각하지 않는다. 사람의 일생을 동물에 비교해서 풀어보면 나름 재미있는 면도 있다.

사람이 태어나 처음 12년간은 자신 속의 동물적 에너지가 발달하기 시작한다. 그 다음 12년은 발달한 에너지가 성숙하고 촉진된다. 이어 24세에서 36세까지는 그 성숙한 동물적 본능이 자기 안에서 역동적인 힘을 발휘하기 시작한다. 이 시기는 사회에 진출하고, 결혼을 하고, 아기를 출산하기도 하면서 가정적으로나 사회적으로 책임이 주어지는 때이기도 하다. 이 시기를 지나면 모든 동물적 본능을 총동원하여 무서운 기세로 덮쳐오는 책임감과 중압감에 맞서 싸워야 하는 중년의 시기를 맞게 된다. 그리고 중년을 지나 육십 고개를 넘으면 환갑還甲.

익히 알고 있는 대로 환갑이란 태어나 61년째 되는 해로, 자신이 태어난 해의 간지를 다시 맞는다는 데서 붙여진 이름이다. 이렇게 모든 동물의 속성을 자신의 삶에서 두루두루 거치고서야 맞이하는 시기인 것이다. 그러니 인간은 환갑이 되어야 겨우, 자신 속의 동물적 본능을 다스릴 수 있는 것이 아닐까 싶다. 예순 살까지는 자기 안의 갖가지 동물들에게 내몰리면서 여기저기 들쑤시며 우왕좌왕한다. 담장을 들이받거나 반대편을 향해 돌진하기도 한다.

그런데 이런 동물적 기질을 죽여서는 안 된다는 것이 나의 지론이다. 종교에 따라서는 갖가지 명상이나 수련을 통해 자기 안의 동물성을 쫓아내라고 하지만, 동물적 본능은 억누르면 억누를수록 오히려 강해지는 법이다.

공자가 말한 '예禮'는 그런 동물성을 제어하기 위한 가르침이다. 인간 속의 동물성을 억제하는 수단으로써 '예의'를 중시하는 것이다. 하지만 육십 고개를 넘기며 사회의 치열한 경쟁에서 한 발짝 물러서면, 인간은 자연스럽게 자신의 동물성을 자각하고 그 속성을 통제할 수 있게 된다. 말에 끌려 다니는 것이 아니고, 말을 부릴 줄 알게 되는 것이다. 자기 속의 동물성이 어떻게 움직이는지를 이해하고 차츰 조정이 가능해진다. 그런 것이 환갑이라는 나이가 아닐까 하는 것이 나의 생각이다.

바꿔 말하면, 우리는 예순 살까지는 '동물'이다. 환갑에 이르러 자기 속의 욕망을 자각하고 통제할 수 있게 되면서 비로소 '인간'이 된다. 스스로 자신의 욕망을 길들일 수 있게 되는 것이다. 그런데 생각해보니, 나는 예순 살이 되어서도 전혀 그렇지 못했다. 여전히 야심이나 세속적 욕망이 꺾일 줄 몰랐다. 그래서 다시 12년, 한 바퀴를 더 보냈다. 결국 72세가 되자, 조금씩 탈속한 '인간'의 모습을 갖춰가는 것이 스스로 느껴졌다.

41
'요령껏'
산다는 것

나는 나이에 연연하지 않아서 특별히 오래 살고 싶다는 마음은 없지만, 그렇다고 빨리 죽고 싶다는 생각도 하지 않는다. 장담은 할 수 없지만 말이다.

주위에서 지인이나 친구들이 하나 둘씩 세상을 떠나는 마당에 이렇게 살아있다는 것이 그저 고마울 따름이다. 그와 동시에 이 나이가 되어서 비로소 눈에 들어오는 것들이 있으니 그 또한 반가운 마음이 아닐 수 없다.

그러니까 당신도 가능한 한 요령을 부려서 '저자는 글렀어!'라는 소리를 들어보기 바란다.

장수하는 데 요령껏 사는 일은 나름 중요하다. 똑똑한 사람이다, 좋은 사람이다, 사회에 도움이 된다 하고 칭찬을 들으면, 그 칭찬에 지지 않으려고 더욱 더 열성을 다하기 마련이다.

그렇게 곧이곧대로 하는 사람은 오래 살기 힘들다. 그러지 말고, 요령도 피우면서 '저 인간은 별로야!'라는 소리를 들어보는 것도 괜찮다. 어깨에 힘을 빼고 마음을 느긋하게 가지자. 우등생이 아니고 낙제생이 돼보자. '요령껏' 하면 아주 즐겁다. 그렇게 하면 심신이 한결 여유로워진다.

나는 인생의 우등생 자리에서 밀려났을 때, 노자를 만났다. 그때 노자는 내게 이렇게 말하는 것 같았다.

'이제 그만하면 됐어. 그 정도면 할 만큼 한 거야. 그러니까 두려워하지 말고 용기를 내!'

노자처럼 힘든 사람한테 어깨를 내주는 어른은 어디에도 없다. 나는 그것만으로도 노자와의 만남을 기쁘게 생각한다.

42
욕망이
기계에 편승하면

우리는 늘 조종당하며 살고 있다. 무엇이 우리를 조종하는가 하면 바로 자신 속의 욕망이다.

얼마 전까지만 해도 우리는 나이 오십이면 은퇴를 바라보았다. 육십 정도가 되면 '출세하고 싶다'든가 '돈을 벌고 싶다'는 욕망에서 자연스레 비켜설 줄 알았다. 그런데 요즈음은 육십이 넘도록 건강하고 몸의 기력도 달라지는 기색이 없다. 마침 세상도 바쁘게 돌아가니 끊임없이 갖가지 일에 휘말리면서 좀처럼 세상사에서 벗어나기 어렵게 되었다. 그러다보니 자신의 욕망을 제어할 여지가 좁아지고, 욕망에 대해 자기훈련을 할 기회도 줄어들었다.

오늘이라는 시대는 욕망이 자동차나 컴퓨터 같은 기계와 밀접하게 연관돼 있다는 점에서 문제가 심각하다. 심각한 정도가 아니라 해가 갈수록 문제점의 폐해는 점점 더 심화되는 양상이다.

한 개인의 욕망이라면, 크게 가져봤자 거기서 거기다. 농사를 짓는 사람이라면 욕심을 부린들 자기 손으로 짓는 농경지 안에서의 수확량 정도다. 따라서 욕망에도 한계가 있음을 자연스레 알게 된다. 그러나 트랙터를 사용했을 경우를 생각해보자. 사람이 일 년쯤 걸리는 농사일을 트랙터는 단 몇 주 만에 해치운다. 그렇게 되면 우리 내면에 있는 욕망이 기계에 편승하게 된다. 그것이 문제다. 아주 무서운 사실이다. 자기 내면의 한도가 있던 욕망이 기계에 편승하면서 몇 십, 몇 백배로 부풀어 오른다.

차를 타면, '속도를 올려, 좀 더 빨리!'를 외친다. 끝없이 톱 기어로 달리기를 원한다. 그러나 속도에는 엄연히 제한 속도가 있어서 무작정 가속 페달만을 밟을 수는 없는 노릇이다. 따라서 우리는 무조건적인 기계의 편승에서 벗어나기 위한 시도를 해보아야 한다. 그리고 온전히 자기 안의 힘만으로 갈 수 있는 길을 찾아야 한다.

산을 오른다면 자신의 두 발로 걸어보자. 자기 발로 걷다가 지치면 도중에 쉬거나 되돌아온다. 자신의 한계를 알게 되는 것이다. 그러나 차나 케이블카를 이용하면 금방 정상에 오른다. 너무 쉽게 올라가다 보니 아직 힘이 남아돈다. 그러니 또 다른 정상을 향해 눈을 돌린다. 이런 일이 거듭되면 인간은 스스로 조절하는 능력을 잃어버린다.

머리도 마찬가지다. 머리를 지나치게 사용하면 어느 순간 지쳐서 손을 놓게 되지만, 컴퓨터를 사용해보라. 터무니없이 능률이 오른다. 자꾸 일에 빠져들 수밖에 없다. 그러나 아무리 능률이 오른다 한들 별 의미는 없다. 엄밀히 말해 그것은 온전한 자신의 능력이 아니기 때문이다.

과학 문명이 고도로 발달한 오늘날은 사회 구조가 매우 복잡다단한 시대다. 기계의 도움이 필요한 건 어쩔 수 없는 현실이다. 그렇더라도 가끔은 자기 내면에 잠재해 있는 온전한 자신의 능력으로 되돌아가는 기회를 스스로에게 부여하자. 그렇지 않았다가는 영원히 기계에 조종당하는 삶으로 끝나게 될지 모른다. 자신의 삶을 온전한 자기의 힘으로 부리는 일이야말로 자유인으로서의 긍지가 아니겠는가.

43
쓸쓸함 속에서
새로운 놀라움을 만날 때

어제까지 그림을 그렸다. 그동안 계속 에세이에 매달려 있느라 기진맥진했던 터라, 글쓰기가 끝나는 대로 그림을 시작했다. 그리고 완성된 그림에 나의 느낌을 몇 자 적어 넣었다.

쓸쓸함 속에서 새로운 놀라움을 만날 때
당신 속에서 시가 태어난다

이 글은 내가 이나 계곡에 들어와 혼자만의 삶을 시작할 무렵 실제 체험에서 우러난 감상이다. 그때는 작고 사소한 일상사 하나하나가 모두 새로웠고, 새로움은 놀라움으로 이어졌다. 그리고 놀라움은 잠들어 있던 나의 심혼을 흔들어 깨웠다. 물론 지금도 변함

없지만.

어떤 상황에서도 새로운 놀라움과의 만남은 있을 수 있다. '새로운 놀라움'이란 대단한 것이 아니다. 무어라도 괜찮다. 밥이 맛있다든지, 석양에 물든 노을이 아름답다든지, 영화나 스포츠 이야기라든지, 어제는 할 수 없었지만 오늘은 할 수 있게 된 어떤 것이라도……. 그런 소소한 일상에서 느끼는 단순하지만 새삼스러운 감정이나 경험이라면 무엇이든 상관없다.

만약 당신이 쓸쓸함을 느낄 때, 그런 놀라움을 만난다면 당신 속에서도 어떠한 형태로든 '시'가 떠오를 것이다. 여기서는 '시'라고 했지만 이른바 '시적'이라는 뜻으로, 우리의 감정이 자연스럽게 우러나는 정서적인 어떤 느낌을 말한다. 그래서 그림을 그릴지도, 노래를 부를지도, 시를 쓸지도 모른다.

그런 의미에서 바쇼라는 시인은 이 제목에 썩 잘 어울리는 사람이다. 그가 지은 많은 하이쿠에는 일상에서 누구나 느낄 수 있는 친근한 정서가 듬뿍 배어 있다.

이 길이던가
행인 없이 저무는
가을 해질녘

따가운 햇살
여전해도 바람은

　　　　　　　　　　　생명의 코드로 노자 읽기

가을이어라

해묵은 가지에
까마귀 쉬어가는
가을 저물녘

이런 식으로 바쇼의 시구를 얼마든지 떠올릴 수 있는데, 한결같은 느낌은 쓸쓸함 속에서 발견하는 '내면의 울림'이라고 생각한다.

울적한 나를
쓸쓸하게 해다오
뻐꾸기들아

라는 시도 있다. '울적한 나'란 마음에 시름도 많고 몸도 지쳐서, 한없이 쓸쓸함에 젖어있는 '나'다. 그런 나를 기쁘게 해달라는 것이 아니고, 오히려 '쓸쓸하게 해다오'라고 읊은 점이 의외다. 바쇼는 더 처절한 쓸쓸함 속에서 자기라는 존재를 다시 한 번 들여다보려 했던 것은 아닐까. 쓸쓸함의 심연에서 만나는 자기란 어떤 존재인가, 쓸쓸함의 저 바닥에서 만나는 자신은 이제까지와는 어떻게 다른 나일까, 그런 자신을 알고 싶었던 것은 아니었을지, 하는 생각이 든다.

44

남 앞에 나서지 마라,
다투지 마라

아이들을 가르칠 때는 '남 앞에 나서지 마라', '다투지 마라'라는
이 말만큼은 꼭 마음에 새기도록 하자.

'무슨 헛소리냐'고 하는 사람도 있겠지만, 전혀 헛소리가 아니
다. 실생활에 필요한 구체적인 말들이다.

'남 앞에 나서지 마라'라는 말은 물이 낮은 데로 흐르듯, 세상
이치의 흐름에 따라 낮은 곳으로 가라는 의미다. 만약 그 낮은 곳
이 흐리고 탁하다면 거기에 그대로 머물러 있자. 가만히 머무르다
보면 물은 스스로의 정화작용으로 차츰 맑아질 것이다. 또한 물은
온갖 더러운 것을 씻어주니, 남의 허물을 대신 떠맡아주는 셈이다.

'다투지 마라'는 부드럽고 유연한 마음의 바탕이 된다. 만물은
물 없이는 살 수 없지만 물은 그들을 낳고 키우고 이롭게만 할 뿐,

그 공을 내세우거나 다투지 않는다. 그러니 싸울 일도 다툴 일도 없지 않겠는가.

교육이란 이 두 가지로 충분하다. 나머지 것은 가르쳐주지 않아도 아이들은 타고난 자질을 잘 살려나갈 것이다. 설령 꼴찌가 된다 하더라도, 그것이 언젠가는 또 다른 행복으로 이어질 수 있다는 사실을 아는 날도 올 것이다. 혹시 싸운다 하더라도 폭력적으로 되지는 않는다.

단, 당신이 진정 마음에서 납득이 되지 않는다면 일러주지 않아도 괜찮다. 마음으로 동의할 수 없는 일을 굳이 말할 필요는 없다.

45

확실한 방법,
자유로운 방법

나는 만담을 좋아한다. 특히 고콘테 신쇼古今亭 志ん生와 가츠라 분라쿠桂文樂의 만담은 테이프를 구비해두고 시간이 날 때마다 즐겨 듣는다. 만담계의 이름 난 연기자들의 명만담이 모두 역사 속으로 사라졌는데, 테이프라는 기술문명 덕분에 두 사람의 연기는 기록으로 남아 생생한 목소리를 실감나게 전해 준다. 참으로 다행스러운 일이다. 그런데 두 만담가의 차이는 빛과 그림자처럼 실로 극명하다.

신쇼라는 만담가는 무대에 오르면 우선 겉옷을 벗어서 한옆에 착실히 치워두고는, "무슨 말을 해야 할까 정하지 않고 와서, 얘기가 어디로 새버릴지 알 수 없습니다요" 하면서 말문을 연다. 그러고는 재미있다고 해야 할지, 시답잖다고 해야 할지, 하여간 그렇고 그런 짤막한 이야기를 몇 갠가 늘어 놓는다. 차츰 여기저기서 낮은 웃음소리가 조금씩 터져 나오고, 그러는 사이 은근슬쩍 본 만담의 이야기 속으로 들어간다.

이렇게 신쇼는 서둘러 본 줄거리로 들어가지 않고 사설을 늘어 놓으며 서두를 길게 끈다. 이런 이야기 방식은 그 날의 관객들 하기에 달렸다. 관객이 어떻게 호응하는지 반응을 살피면서 이야기를 어떻게 끌고 갈 것인지를 가늠한다. 한마디로 분위기 파악을 하는 것이다. 신쇼의 이런 이야기 방식은 자신을 틀에 맞추고 싶지 않아서인 듯하다. '나는 말하는 기계가 아니다, 이야기가 자동으로 술술 나오는 그런 기계가 아니다'라는 뜻으로 해석된다.

반면, 분라쿠는 정밀한 기계 같은 만담가다. 분라쿠는 무대에 오르면 우선 무릎부터 꿇고 정중하게 절을 하면서 "매번 찾아 주셔서 대단히 감사합니다"라며 정식으로 인사를 하고 만담을 시작한다.

어느 대목에서 어떻게 웃길 것인지, 어디서 얼마나 호흡을 멈출 것인지, 모든 것이 완벽하게 짜여 있어서 이야기가 물 흐르듯 매끄럽게 흘러간다. 만담이 끝나면 깍듯이 마지막 절을 하고 돌아간다. 관객이 감탄하거나, 따분해하거나 상관하지 않고 오로지 자신이 훈련에 훈련을 거듭한 이야기를 한 치의 오차도 실수도 없이 완벽하게 수행한다. 듣고 있으면 절로 감탄이 나온다. 분라쿠라는 사람은 하나의 만담을 짧게는 3개월, 길게는 3년 정도를 연습한다고 한다.

여러모로 대단하다. 그 분라쿠가 여든 살 무렵, 무대 위에서 딱 한번 말문이 막혔다. 그 순간 고개를 떨구고 자리에서 내려와서는 두 번 다시 무대에 오르지 않았다고 한다.

그런데 신쇼라는 사람은 어찌된 일인지 날이면 날마다 말문이 막힌다. 사람 이름 까먹는 것 정도는 밥 먹듯 한다.

"아차차, 그 사람 이름이 뭐였더라? 뭐, 이름 같은 거 아무럼 어떨라고. 하여간 이름이 거시기라는 사람이 있었는데……"라고 너스레를 떨면서 천연스럽게 떠들어 댄다. 그게 또 듣는 사람 쪽에서는 웃음보를 터뜨릴 만큼 재미가 있다.

나는 오랫동안 대학 강단에 섰는데, 교수 가운데는 교단에 올라가서 고개를 푹 숙인 채, 강의 노트만 읽어주고 수업을 끝내는 사람도 적지 않았다. 그럴 거면 차라리 프린트를 해서 나눠 주고, '잘 읽어 오도록' 하고는 일찍 끝내는 편이 낫겠다는 생각이 들 정도다. 하긴 철저히 강의 노트에 의존하는 수업에선 '틀릴 일'이 별로 없기는 하다. 그렇게 틀릴 일이 없다는 사실이 본인을 안심시키는 것이리라.

무슨 일을 할 때, 잘못이 없는 확실한 방법을 선택하는 사람과 다소 잘못이나 실수가 있더라도 자신이 즐거워야 하는 사람, 두 종류가 있다. 신쇼는 스스로 신이 나야 일이 되는 사람으로, 자신의 흥이 오를 때까지 이런저런 이야기로 앞자락을 깔면서 공연장의 분위기를 후끈 달군다. 이윽고 흥이 오르면 자연스럽게 본 주제 속으로 슬쩍 끼어든다. 그러다 이야기가 차차 무르익으면, 신이 나서

생명의 코드로 노자 읽기

숨조차 쉴 수 없는 흥미진진함 속으로 관객들을 죽죽 끌어당긴다.

사람이 진짜 힘을 발휘하려면 상당한 집중력이 필요하다. 분라쿠는 무대에 오르기 전까지, 연구에 연구를 거듭하며 완벽하게 갈고 다듬지만 일단 무대에 오르고부터는 정밀기계다. 반면 신쇼는 공연 때마다 현장 분위기에 따라 완급을 조절하며 서서히 흥을 돋우어 간다. 나는 신쇼 쪽이 윗길이라고 생각한다. 이야기가 생생하고, 관객과 함께 호흡하고 있어서 한결 실감이 난다. 무엇보다 자유롭고 재미있다.

46

무언가를 사랑한다면
두려움을 이겨낼 수 있다

얼마 전 노자를 번역한 책에서 나는 무한한 자연의 섭리인 '도의 이치'를 어머니에 비유하여 이렇게 쓴 일이 있다.

그대가 사회에서 무시당하거나, 꼴찌를 하거나
돈이 없어 비참해지더라도 괜찮다
그대는 어머니의 젖을 먹고 있지 않은가

이를 두고 일부 학자들은, '어머니의 젖이라니, 가지마 씨는 제멋대로 갖다 붙인다'라며 비판했다. 하지만 그렇게 번역해도 틀린 말은 아니다. 이기심 없는 무한한 사랑, 그런 어머니의 사랑은 생명으로 이어지는 길, 즉 도의 길과 한가지니까.

그렇다고 어머니의 무조건적인 사랑을 배우라는 식의 뻔한 이야기를 하려던 건 아니었다. 그저 사랑이 있다면 어떤 두려움도 이겨낼 수 있다는 말을 하고자 했을 뿐이다. 반려동물이라든가 화초나 나무 같은 자연도 좋고, 그림이나 음악 같은 예술도 좋다. 꼭 부모 자식 간의 사랑이 아니더라도 우리가 무언가를 사랑하고 있다면 두려움을 극복할 수 있다.

이기심 없는 사랑이란 상식선에서 보면 바보 같은 짓일지 모른다. 사회는 그런 바보 같은 짓을 좋아하지 않는다. 내 경우도 그랬다. 나의 본가는 대대로 장사하는 집안으로 주위에는 돈 좀 만지는 사람들이 있었다. 내가 대학에서의 전공을 문학으로 하겠다고 하자, 모두들 입을 모아 한마디씩 했다.

"어째 그런 바보 같은 소리를 하느냐. 그런 걸로 밥벌이나 제대로 하겠느냐."

물론 50년도 더 된 이야기지만. 아무튼 나는 문학이 좋아서 선택했을 뿐이다. 여러분도 좋아하는 일을 해보라. 주위에서 바보 같다는 소리를 들을지 모른다.

그럼에도 불구하고 내가 왜 '바보 같이' 좋아하는 일을 하라고 하느냐 하면, 그것이 두려움을 이겨내게 해주기 때문이다. 소위 똑똑한 짓이란, 두려움에서 벗어나지 못하는 사람들이 하는 행위다.

이해가 될지 모르겠지만, '이쪽으로 가면 안전하니까 이 길로 가야지, 저쪽으로 가면 어떤 위험이 도사리고 있을지 알 수 없잖아.' 이런 두려움에 사로잡힌 사람들은 똑똑한 길을 선택한다. 그러나 '난, 이게 좋아서 한다'라는 마음으로 하는 경우는 어지간한 손해나 위험도 이겨낼 수 있다.

나는 언제나 바보이기를 권한다. 심지어 똑똑한 사람이 안돼 보일 때도 있는데 어쩔 수 없다. 대학에서 강단에 서던 시절을 돌이켜 보면, 주위에는 온통 똑똑한 사람뿐이었다. 그러나 그들은 자기 전공분야는 훤하지만, 그 외의 일에는 무관심해 아는 바가 거의 없었다. 이른 바 '바보 같은' 사람들이 오랜 세월을 두고 이어온 경험, 인간의 다양한 감성, 예술 같은 것에는 일체 관심이 없었다.

사실 그러한 감수성은 아이 시절에 충분히 길러주는 것이 좋다. 나는 열다섯 살 무렵까지 신나는 놀이나 재미있는 구경, 개구쟁이 짓을 실컷 해보았다. 대신 학교 성적은 엉망이었다. 중학교 시절에는 꼴찌를 면치 못했으니까. 그러나 철없던 시절에 천방지축으로 나대면서 보고, 느끼고, 경험했던 일들이 지금의 나를 만들었다.

인간은 발달된 문명의 혜택으로만 살지 않는다. 진정 우리 가슴을 움직이는 것은 문명이 아니다. 우리 핏속에 녹아 있는 갖가지 기억과 감성이 심장을 힘차게 고동치게 하는 것이다. 이런 사실을 꼭 기억했으면 한다.

47
우리는 자유와
부자유의 균형 속에
살고 있다

노자는 항상 역설적으로 말한다. '우리는 사회 속에서만 살고 있는 것은 아니다'라는 식으로 말이다. 이 말은 마치 이 사회 바깥에 또 다른 무언가가 있다는 것을 암시하는 듯하다. 그렇다. '이 사회 바깥 부분에 우리가 진정 사회라고 부르는 또 다른 세계가 있다'는 것을 알아차리게 한다. 그렇게 해서 우리들 내면의 균형감각을 회복시켜 주는 것이다.

부연하자면 이렇다. 우리는 분명 사회라는 틀 안에 갇혀 살며, 얽매여 있고, 부자유스럽다. 하지만 우리가 부자유한 존재라는 의식을 가질 때, 비로소 우리는 자유와 부자유 사이에 있을 수 있고, 그 사이에 존재하는 균형감을 느낄 수 있다. 우리는 그만한 가능성을 가진 존재다.

따라서 가장 얽매여 있는 상태란 자신이 자유롭지 않은 존재라는 사실조차 인식하지 못하는 상태다. 많은 사람이 자신이 자유롭지 않다는 인식마저 갖지 못한 채 산다. 노자는 그 점을 일깨워주려 하는데, 사회는 그러한 노자의 생각을 위험시하며 경계의 대상으로 삼는다. 어떤 의미에서 노자의 생각이란 사회 질서를 무시하거나, 사회를 혼란케 하는 사고방식처럼 보이기 때문이다.

우리는 늘 모순 속에서 산다. 어쨌든 사회란 우리가 만든 것이다. 그리고 사회가 없으면 인간은 살아가기 어렵다. 우리는 사회를 지키기 위해 도덕이라는 질서를 만들었다. 그리고 도덕을 따르게끔 규칙을 만들고, 그 규칙을 지키도록 아이 때부터 길들였다. 그런 규제가 부자유스럽지만, 안타깝게도 그러한 것을 벗어나서는 더 이상 살 수 없게끔 인간은 이미 길들여졌다.

가령 사회 규칙이나 일상생활의 준수사항 같은 외적인 조건을 모두 제거해 보자. 그런다고 우리는 과연 잘 살아갈 수 있을까. 아닐 것이다. 오늘날의 인간은 외적인 조건에 어쩔 수 없이 갇힌 신세가 되어버렸다. 단적으로 말해, 노예와 같은 존재가 된 셈이다.

비록 사회 안에 머물지만 마음에서라도 갑갑한 규제들을 걷어내고, 내면의 살아있는 기쁨을 찾아보자. 그렇게 할 수만 있다면 사회 안에 머물면서도 마음으로는 그 한계를 넘어설 수 있다. 그것이 바로 균형 감각이다.

노자에게서 가장 뛰어난 점이 바로 이런 균형 감각이다. 노자는 결코 아나키스트가 아니며, 사회를 뒤엎으려는 불순분자도 아니다.

그런 비현실적인 인간이 아니다. 노자는 인간이 만든 '사회'와 인간이 감히 미치지 못하는 커다란 '도의 세상', 이 양쪽을 모두 마음속에 간직하라고 말하는 것이다. 얼마나 크나 큰 균형 감각인가.

현실 사회에서 실패했을 때, 사회 안에만 갇혀 있던 사람은 절망하거나, 스스로 죽음을 택하기도 한다. 그러나 양쪽의 균형을 유지하고 있는 사람은 '그럼, 사회여 잘 있거라' 하고 떠날 수가 있다. 잠시 사회와 떨어진 곳으로 가서 자신을 쉬게 하는 것이다.

옛날 중국에서는 실패한 정치가가 얼마간 시골로 낙향하여 몸을 은신하기도 했다. 중국의 고명한 시인이 처음부터 사회를 부정하고 산속으로 숨어들어간 것은 아니다. 사회에서 왕성하게 활동하다가 실패한 나머지 좌절하거나 해서 시골로 찾아든 경우가 대부분이다.

그런 점에서 중국인은 현명하다. 견고한 사회체제를 유지하는 한편으로 노자의 자유로운 사상을 따르는 일을 잘 가려서 해왔다. 중국인은 겉보기엔 무뚝뚝한 얼굴을 하고 있지만, 그 뒤에는 '현실은 보이는 게 다가 아니다'라는 대범함과 여유가 숨어 있다.

그렇다면 이러한 안과 밖, 외면과 내면이라는 양면 사이의 균형 감각은 어디서 오는 것일까? 그건 부드러움에서 나오는 강인함, 바로 내면의 힘이다. 이 부분에서 균형을 잡고 있으면 자유와 부자유는 자연스럽게 그 관계를 회복할 수 있으리라 믿는다.

48
가진 것이 없어진다면
그때가 바로 기회

부디, 자기가 가졌던 것이 없어지는 것에 대해 기쁨을 느껴보기 바란다. 무언가가 없어지면 '그래, 잘 됐다!'라는 생각부터 해보자. 그렇다고 나는 굳이 '버려라!'라고는 말하지 않겠다. 가지고 있어도 괜찮다. 인간에게는 본래 갖고 싶다는 소유욕이 있으므로 어쩔 수 없다. 다만 혹시 가지고 있던 무언가를 잃게 된다면, 그때는 '기회다! 다음 것이 올 기회가 왔구나!'라고 생각하기 바란다.

움켜쥐고 있는 한 다음 것은 오지 않는다. 쥐고 있던 것을 놓아야 다음 것을 가질 수 있다는 쪽으로 생각을 바꿔보는 건 어떻겠는가. 없어졌으니 기회다!

움켜쥐고 있는 것에 비하면 놓아주는 쪽이 훨씬 근사하다. 꼭 기억했으면 한다. 열어두면 다음 것이 찾아온다. 가지고 있던 것보다 훨씬 멋진 것이 찾아올 수도 있다. 마음 또한 그러하다. 열린 마음으로 있으면, 누군가가 들어온다. 닫혀 있으면 아무도 들어오지 않는다. 열려 있으면 무엇이든 들어오고, 들어왔다가 흘러가고 또 다음 것이 들어온다.

나는 노자를 만났을 때, 열려 있었다. 그러자 모든 것이 놀랍도록 신기하게 변했다. 열어두는 것의 기쁨을 온몸으로 느낄 수 있었다. 당신도 다른 사람에게 마음을 열어보라. 상대방도 반드시 마음을 열어줄 것이다. 이쪽이 닫혀 있으면 당연히 저쪽도 닫아버린다. 이 사실을 앞으로의 인생에서 꼭 기억하기 바란다. 그리고 당신의 마음은 의외로 넓기 때문에 아주 많은 것을 받아들일 수 있다는 점도 기억해 두자.

그리고 또 한 가지! 자신을 너무 높은 곳에 두지 말자. 물이 흘러가듯이 낮은 곳으로 가서 자신을 낮게 흐르게 하면 마음은 자연히 열리게 된다. 낮은 곳으로 가서 마음의 평온을 유지하자. 그때 물이 흐리다면 흐린 대로 내버려두자. 시간이 지남에 따라 맑아질 것이다. 그러다 보면 저절로 마음에 고요가 찾아들 것이고, 그 안에서 잔잔한 기쁨을 느낄 수 있을 것이다.

49
세상은
언제나 변하는 것

우리는 환경의 동물이다. 태어난 시대라든가 나라, 낳고 자란 가정, 사회와 같은 환경의 지배를 받으며 산다. 그리고 환경이란 우리가 통제하거나 제어할 수 있는 대상이 아니다. 우리는 자기가 태어나는 나라나 시대를 선택할 수 없다. 또 개인의 힘으로 사회를 바꾼다는 것도 말처럼 쉽지 않다. 그럼 우리는 무엇을 어떻게 조종하고 통제할 수 있는가. 결국 자신에게 속한 것만을 조종하고 통제할 수 있을 뿐이다. 달리 할 수 있는 일이란 아무 것도 없다.

그럼 자신에게 속한 것을 조종하고 통제한다는 말은 무슨 뜻인가. 다름 아닌 균형을 잡는 일이다. '균형을 잡는다'는 일과 '통제한다'는 것은 물론 다르다. 그러나 상당히 깊은 관련이 있다.

인간은 무언가 일관된 상황 속에서 변함없이 살아가기란 쉽지

생명의 코드로 노자 읽기

않다. 또 그럴 필요도 없다. 호사스럽게 살고 싶은 사람이라면 호화 사치를 누려도 괜찮다. '사람이 아끼면서 살아야지, 그러면 안 되지' 해봤자, 그건 머릿속의 생각일 뿐 현실에서는 조금도 실행이 되지 않는다. 지금 호화 사치를 누릴 형편이 되는 사람은 누려도 상관없다. 왜냐하면, 그것도 '균형'의 일부니까.

무슨 말이냐 하면, 이제까지 호화 사치를 누리던 사람이 어느 순간 더 이상 호화로운 생활을 이어갈 수 없게 되었을 때, 그런 뒤 바뀐 현실을 기꺼이 받아들일 수 있는가, 하는 점에서의 균형이다.

돈 많던 부자가 실패해서 무일푼이 되었다고 하자. 그때 부자였던 그가 '뭐, 가난한 것도 괜찮네'라고 바뀐 상황을 기꺼이 받아들인다면, 부자로 호화롭게 살던 때와 무일푼인 지금의 현실이 균형을 이루는 것이다. 그것이 균형이고 지혜다.

그러나 지혜롭지 못한 사람은 '아, 옛날엔 돈이 많아서 참 좋았는데'하면서 괴로워하다가 스스로 목숨을 버리기도 한다. 그건 불균형이다. 아주 간단한 이치다.

'새옹지마塞翁之馬'라는 고사도 있지 않은가. 중국 국경 지방의 어느 노인의 이야기다. 어느 날 노인이 기르던 말이 국경을 넘어 오랑캐 땅으로 달아났다. 이웃이 위로하자 노인은, "이 일이 복이 될지 어찌 알겠소" 하고 태연했다. 몇 달 지나자 뜻밖에 달아났던 말이 오랑캐의 좋은 말 한 필을 데리고 돌아왔다. 마을 사람들이 횡재를 했다며 축하해주자 노인은 "이것이 화가 되지 말라는 법이 어디 있겠소" 하며 조금도 기뻐하지 않았다. 마침 말 타기를 좋아하던 노인의 아들이 그 말을 타다가 떨어져서 다리가 부러졌다. 마을 사람들이 다시 위로하자 노인은 "그것이 복이 될지 누가 알겠소"라며 낯빛을 바꾸지 않았다. 얼마 후 전쟁이 일어나 장정들이 모두 싸움터에서 전사했는데, 다리가 부러진 노인의 아들만은 전장에 나가지 않아 무사했다. 이것은 바로 균형에 관한 이야기다. 화禍였던 것이 복福이 되고, 복이었던 것이 화가 되는.

인간사에서 어느 한 가지만이 계속되는 불변이란 없다. 언제나 변화한다. 행인가, 불행인가도 어느 한 쪽만 있는 것이 아니다. 자기에게는 행복인 일이 다른 사람에게는 불행일 수 있듯이 객관적인 기준 같은 것은 없다. 자기의 주관일 뿐이다. 따라서 자신의 주관이 확실한 균형을 잡고서 '아, 옛날엔 흥청망청 호사를 누렸지만, 가난도 그런대로 괜찮네' 라고 말할 수 있다면 그런 것이 바로 균형 잡힌 마음의 평화일 것이다. 그러한 균형 감각을 자기 속에서 찾아보라고 노자는 말한다.

노자는 무엇이 행복인지 불행인지, 호사를 누리는 게 좋은지 나쁜지 그런 원론적인 이야기는 하지 않는다. 노자는 지극히 현실적인 말을 하고 있다.

생명의 코드로 노자 읽기

50
인연을
만들어가는 일

사람 사이의 관계를 나타내는 말로 연緣, 혹은 인연因緣이라는 말이 있다. 이 단어는 생활 속에서 의외로 많이 쓰인다. 그런데 인연이라 하면 단순한 인간관계를 나타내는 말이라기보다 무언지 알수 없는 것, 이해할 수 없는 어떤 것이 작용한다고 느낄 때, 놀라움의 표현으로 쓰는 경우가 많다. 합리적인 사고를 뛰어넘는 무언가가 일상 속에 들어왔을 때, 우리는 인연이라는 단어를 사용하는 것이다.

예를 들어, 당신과 나의 관계에서 "이것도 인연이네"라고 말한다면, 두 사람 사이의 만남은 서로의 마음이 맞아서만이 아니라, 어떤 알 수 없는 각별한 힘이 작용하는 걸 느낀다는 의미다. 그럴 때 우리는 두 사람 사이에 인연의 끈이 닿았다거나 연이 맺어졌다고 한다.

영어에는 인연에 해당하는 단어가 없다. 좀 거리가 있긴 하지만, '해프닝'이라는 단어가 있고, 그 다음 단계로 바로 '신의 뜻으로'라는 말로 건너 뛰어버린다.

다만, '해프닝'과 어원이 같은 단어로 '해피'가 있다. 예기치 않게 일어나는 일은 운이 좋은 것으로 받아들이려는 인식이 서양에도 있었나 보다. '해피happy'가 'hap : 우연한 행운에 의해'이라는 어원에서 출발하여 '행운의→ 행복한→ 즐거운'으로 의미가 다양해지는 예를 봐도, 행복이란 자신들이 만드는 것이 아니며, 행운은 초월적인 무언가의 도움에 의해서 주어진다고 생각했던 듯싶다.

그런 점에서 인연은 긍정적인 기분, 좋은 의미로 쓰이고 있다. 그런데 불교에서 온 인과因果라는 말은 느낌이 좀 다르다. 단순한 '원인과 결과'라기보다 '전생의 악업에 대한 불운의 응보應報'라는 불교적 색채가 강해서인지 좋은 느낌으로 들리지 않는다.

우리는 사람을 만날 때 그저 표면적인 주고받음이랄까, 형식적인 인사나 나누는 관계로는 만족하지 못하는 것 같다. 그래서 무언가 예기치 않은 일이 일어나면, 그 일을 인연으로 반기며 평범한 일상에서 얼마간 일탈의 기분을 맛보려는 듯하다.

바꿔 말하면, 인연을 반가워하는 사람은 열린 마음을 가질 수 있고 그만큼 삶이 넉넉해질 수 있다는 말이다. 그 인연으로 해서 뜻밖의 새로운 세계가 열리게 될지도 모르니까.

51
직관이란
가장 믿음직한 내비게이션

우리 속에는 살아있는 한, 사라지지 않는 생명력이 있다. 우리가 의식하지 않아도 심장은 쉬지 않고 스스로 움직이듯이 말이다. 맛있는 음식을 먹으면 기분이 좋아진다든가, 위험을 감지하면 알아서 자신을 방어한다든가 하는 것은 모두 생명의 본능적인 움직임이다. 우리는 본래부터 그러한 생명력을 가지고 태어났다. 하지만 사회는 우리의 생명 작용이나 움직임을 끊임없이 규제하려고 한다. 개인을 규제함으로써 사회도덕이나 권력을 유지하기 위해서다.

그런데 이 두 가지 작용 즉, 개인의 생명력과 사회 권력은 우리 내부에 복잡하게 얽혀 있다. 그러다 보니 무언가를 하고 싶을 때도, 그것이 본래의 자기가 진짜로 하고 싶은 것인지, 아니면 그저 사회의 요구에 응해서 하려는 것인지 분간이 되지 않는다. 따라서 이 혼재된 것을 구별해서 가려내려면 어쩔 수 없이 시간이 걸린다. 그래서일까, 중국에서는 오래 전부터 '중용'이라는 개념이 있었다. 중용이라 하면 익히 알고 있는 대로 공자가 말하는 '중용'이다.

공자는 '이쪽이 중용의 길이다, 이 길을 가라'고 한다. 그러나 내 의견은 좀 다르다. 내가 생각하는 원래의 중용은 '이쪽으로도 치우치지 않고, 저쪽으로도 치우치지 않는' 길이다. 중용이라고 해서 정해진 길이 있는 것이 아니고, '어느 쪽으로도 정해지지 않은 길'을 말한다. 따라서 당신의 중용과 나의 중용은 당연히 다르다. 저마다 마음속의 '이쪽'과 '저쪽'이 다르기 때문에, 그 사이에서 중심을 잡는 중용은 사람마다 다를 수밖에 없다.

바꿔 말하면, 인간은 결국 자기 스스로 중용을 찾아야 한다는 이야기다. 남들이 하는 식으로 따라했다가는 자신의 길을 잃기 십상이다. 그럴 때, 자신을 찾아가는 실마리가 되는 것이 직관이다. 직관이야말로 자기의 가장 믿음직한 내비게이션이다. 그렇다 해도, 사실 직관만큼 파악하기 힘든 것도 없다. 직관은 지도에 나와 있지 않기 때문이다. 게다가 직관은 사람마다 달라서 상당히 예리한 사람이 있는가 하면 그렇지 않은 사람도 있다. 그럼에도 직관이 작용하고 있다는 사실만큼은 매우 중요하다.

우리가 학교에서 배우는 것이란 직관을 죽이고 난 뒤에 남은 이론 부분이다. 직관은 제쳐두고, 이해하고 판단하라고 가르친다. 왜냐하면 사회로 나오면 곧바로 도덕이나 규칙, 계산에 따른 이해관계, 세상의 평가가 우리를 덮쳐오기 때문이다.

생명의 코드로 노자 읽기

어쩌면 직관을 따르는 일은 상당히 두려운 선택일 수 있다. 머리로 판단하는 결과 쪽이 안전해 보이니까. 그래서 사람들은 직관을 잠재워둔 채 따르려고 하지 않는다. 실제로 직관이란 대부분 사회 도덕에 반反하는 것들이 많다. 직관은 솔직하고 단순한 힘이기 때문이다. 직관은 우리를 반사회적인 행위로 끌고 가려 한다. 그런데 직관이 이끄는 대로 이따금 반사회적인 행위를 할 수 있으면, 이제 어른이라고 봐도 된다. 공감할 수 있을는지? 그러고 보면 나는 교사에는 어울리지 않는 인간인 것 같다.

어쨌든, 노자가 말하는 바도 인간의 생명력은 반사회적 자유를 가지고 있다는 것이다. 그렇다고 노자는 반사회적인 행위를 하라고 권하지는 않는다. 그런 면에서 노자는 상당히 현실적이다. 사회를 흔들려고도 하지 않는다. 다만, 우리를 끊임없이 규제하고 있는 사회 안에서 우리의 생명력을 잃지 않으려면 어떻게 해야 하는가, 또 사회에 있어서나 자신에게 있어서 가장 생명력이 풍부한 삶을 누리려면 어떻게 해야 하는가에 대해 알려줄 뿐이다.

인간에게는 누구나 직관이 작용하고 있으니 자신만의 내비게이션을 가지고 있는 셈이다. 그러니 자신의 내비게이션을 찾아보자. 그리고 그 내비게이션이 알려주는 길을 따라가보자. 그 길에서 어떤 자유로운 세상을 만날지 누가 알겠는가.

52

머리로 기억하는 것,
몸으로 경험하는 것

『마음으로 읽는 명언』이라는 책이 있는데, 그 책에는 이런 말이 있다.

'무슨 일에서나 똑똑한 사람은 그만큼 똑똑하지 않다.'

이 말은 프랑스의 라 로쉬코프라는 사람이 한 말이다. 라 로쉬코프는 상당히 비상한 머리의 소유자인데, 그의 명석함은 여느 똑똑한 사람들을 훨씬 능가했다고 한다.

이른 바 '똑똑한 사람'이란 눈앞의 것을 분석하고, 골라내고, 고른 것 중에서 또 골라내고, 저울에 달고, 계산기를 두드려 보고……. 이런 식으로 모든 것을 '생각하는' 사람이다. 세상은 그런 일을 능숙하게 잘하는 사람을 똑똑하다고 한다. 하지만 그런 사람은 진정한 의미에서 '똑똑하지 않다'는 것이 라 로쉬코프의 말이다.

무슨 뜻인가 하면, 그런 식으로 컴퓨터처럼 두드리고 계산하고 선택한 결과라는 것은 그 한 사람의 두뇌 수준밖에 되지 않는다는 의미다. '그 한 사람의 두뇌 수준밖에 되지 않는다'라고 말한 까닭은 그 사람이 아무리 머리가 좋다 하더라도 '단순한 하나의 인간의, 하나의 상황에 있어서, 하나의 머리'가 작용한 것에 지나지 않기 때문이다.

실상 인간이라는 존재 전체에는, 좀 과장해서 말하면, 태고 적부터 이어져 내려오는 무언가가 작용하고 있다. 심장이 두근거린다든지, 위나 장이 움직인다든지, 눈을 깜빡거린다든지 하는 것처럼 말이다. 여하튼 갖가지 움직임이나 작용이 끊임없이 일어나고 있다. 그런데 '생각한다'는 것은 그 무수한 여러 작용 가운데 극히 일부인 머리를 아주 조금 움직였을 뿐이라는 것이다. 당신은 어떤가, 계산할 때 심장도 같이 생각하는가?

여기서 말하려는 바는, 우리 몸에서 기억하는 것, 몸에 깃들어 있는 에너지를 보다 소중히 했으면 하는 것이다. 그런 것은 우리 자신뿐만 아니라, 인류 조상 대대로 경험을 통해서 유전자에 깊이 깊이 새겨둔 것이다.

우리는 매사 머리로 판단한다고 굳게 믿고 있지만, 머리로 판단하는 부분은 실로 미미하고 그다지 쓸모도 없다. 게다가 대부분 크게 착각하고 있는 것이 적지 않다.

몸이 기억하고 있는 것을 '경험'이라고 한다. 경험이란 자신의 몸속에 들어와서 소화되고 분해되어 자기 몸에 새겨진 것이다. 따라서 몸에 새겨진 경험은 몇 년이 지나도 다시 되돌릴 수가 있다. 그러나 머리로 기억하는 것은 소용이 없게 되면 이내 사라져버린다. 그러니 한 인간이 머리 하나로 생각해내는 일에 대해 다시 고려해 봐야 하지 않을까?

생명의 코드로 노자 읽기

53
아이들은 경이의 눈으로
아름다움을 본다

우리의 잠재능력 속에는 감정적인 것, 공상적인 것, 기질적인 것 등 온갖 것들이 살아있다. 지금은 억눌린 듯 보이지만, 죽은 것은 아니다. 아름다움을 느끼는 감성 또한 마찬가지다.

나는 어려서부터 그림책이나 화집 같은 것은 접해보지도 못했을 뿐 아니라, 아름다움을 화제로 올려본 적도 없었다. 하지만 어린 시절 무사들의 본향인 유서 깊은 마을에서 한 달쯤 지낸 일이 있었다. 그때 보았던 바다와 소나무 숲, 반짝거리는 햇빛, 소박하면서도 고즈넉한 골목길, 노란 밀감을 입에 물고 날아가는 까마귀의 모습 등은 아직도 뇌리에 생생하다. 그런 기억이 이제껏 내 속에 남아서, 지금 그림 그리는 일로 이어졌는지 모른다.

아이들이란 참으로 경이의 눈으로 아름다운 것을 본다. 여자애들은 꽃을 보면 달려가서 꺾으려 하지 않는가. 아이들은 아름다움에 끌리는 능력을 날 때부터 가지고 있다. 그것은 벌이 꽃을 향해 날아가는 것 같은 그런 내면의 깊은 곳에서 나오는 본능이다.

아름다움을 느끼는 감수성은, 거듭 말하거니와 생명력에 대한 능력이기도 하다. 우리는 생명을 살리고, 생명을 풍부하게 하는 것에서 아름다움을 느낀다. 아름다움의 근원은 생명력이기 때문이다.

또한, 생명 저 너머에는 우리 눈에는 보이지 않지만 훨씬 커다란 무언가가 있다. 우리가 아름다움을 느낄 때는 생명을 느끼는 것이며, 생명을 느낄 때는 그 너머의 커다란 무엇인가를 느낀다. 그리고 거기에 이어져 있다는 마음의 평온을 느낀다. 즉, 우리는 아름다운 것 속에서 커다란 무언가에 이어지고 있다는 평온함과 일체감을 발견하고, 그 발견은 크나 큰 기쁨으로 돌아온다.

우리 주변에는 아름다운 것이 얼마든지 있다. 지천으로 널려 있다. 아름다움에서 얻는 기쁨은 온전히 아름다움을 발견하는 사람의 몫이다. 자연 속의 아름다움 또한 따로 주인이 있을 수 없다. 우리 모두가 주인이다. 그러니 우리의 몸과 마음을 자연 속에 자유롭게 놓아두고 그 기쁨을 한껏 누리자.

54
좌뇌와 우뇌의
조화로운 예술품, 문인화

요즘 그림에 관심이 깊어지면서 특히 문인화文人畵의 매력에 푹 빠졌다. 문인화 하면, 대략 1,300년 전 중국의 왕유王維라는 인물까지 거슬러 올라간다. 수묵화 중에서도 남종 문인화의 창시자로 불리는 왕유는 당나라 문화가 가장 번성하던 시기에 고위 관직에 올랐을 뿐 아니라, 시대를 대표하는 시인이자 화가, 음악가로 다방면에 이름을 떨쳤다. 그의 시에는 불교의 영향이 짙게 배어 있어서 '시불詩佛'이라고도 불렸다. 소동파蘇東坡는 그의 시와 그림을 두고 '시 속에 그림이 있고, 그림 속에 시가 있다'고 평했다. 이처럼 왕유에서 시작된, 그림에 시구를 적어 넣는 문인화의 전통이 오늘날까지 이어지고 있는 것이다.

그림을 그리고 거기에 글씨를 적어 넣는 문인화는 요즈음 식으로 말하면 '좌뇌와 우뇌의 멋진 조화'라는 그럴듯한 표현이 가능하겠다. 언어를 다듬는 좌뇌 활동과 그림을 그리는 우뇌 활동, 이 두 가지를 적절히 조화시키고 있으니 얼마나 수준 높은 예술품인가.

조화로움의 가장 아름다운 형태가 이 문인화라고 생각한다. 자연에서 느끼는 감정을 그림으로 표현하고, 그 감정이 영혼의 깊은 곳에 닿아 섬세한 시로 다시 태어난다. 그 양쪽을 하나의 인간이 재현해내는 예술 세계, 이는 대단한 경지라고 생각한다.

문인화처럼 그림과 글씨가 한 지면에 있는 독특한 예술 형식은 동양 밖에 없는 것 같다. 그림과 글씨가 서로 멀리하지 않고 한 지면에서 만나다니, 아주 재미있지 않은가? 그렇다면 중국에서는 어떻게 그림과 글씨의 합체가 가능했을까. 그건 아마 문자의 기원과 관련이 있지 않을까 싶다. 중국은 오랜 옛날부터 문자를 가지고 있었는데, 중국의 문자는 그림문자에서 시작되었다. 중국의 문자가 이미지에서 출발했기 때문에 그림과 서로 어우러지는 일이 자연스러웠을 것이다.

잘 알려진 대로, '산山'이라는 글자는 산의 모습을 본떠 만든 것이다. 우리는 '山'을 하나의 글자로 관념적으로 보고 있으나, 애초에는 산의 모양을 본떠서 그린 것이다. 그 글자로부터, 산에서 물이 솟아나니 '골짜기 곡谷'이 되고, 골짜기에서 흐르는 물이 모여서 '내 천川'이 되고, 냇물로 흘러드는 물이 맑고 깨끗해서 '맑을 청淸'이 된 것이다. 이런 글자는 눈에 보이는 형상을 있는 그대로 이미지로 전하고 있다. 이처럼 문자의 기원에서부터 사물의 모습을 형

생명의 코드로 노자 읽기

상화하다 보니 그림과 접목되기 쉽지 않았을까 상상된다.

아무튼 중국에서 시작된 남다른 예술형식은 이웃나라에도 흘러 들어와서, 덕분에 나 같은 사람도 지금 혼자 익힌 솜씨로 문인화 흉내를 내고 있다. 그림 좀 그린다고 '척하는' 소리로 들린다면, 천만의 말씀이다. 내 그림 솜씨는 아직 걸음마 수준에 지나지 않으니까.

그저 이 멋진 예술 세계를 내 나름으로 더듬고 있다는 사실이 나로서는 기쁠 따름이다. 다만 이런 이야기를 하는 이유는 그런 일이 누구라도 가능하다는 사실을 알려주고 싶어서다. 시도도 하기 전에 포기부터 하지 말고, 과감히 한번 도전해 보았으면 한다. 그림이 아니라도 괜찮다. '하고 싶은 마음', '끌리는 마음'을 소중히 하고, 그 마음을 따라가 보자는 말이다. 서투르면 어떤가. 마음이 이끄는 세계에 도전하는 일은 그만큼 자신이 풍요로워지고 자유로워지는 일이 아니겠는가.

55
모두와 함께
나누고 싶다

나는 젊어서부터 번역 작업을 하면서 많은 시를 읽었다. 그런데 자신의 그림에 시를 적어 넣는 문인화를 시작하자, 뭐랄까, 자신에게 '중심이 생겼다'는 느낌이 찾아왔다. 예순이 넘어 그림을 시작한 이래로 드디어, 그때까지 공부해온 서구 문학과 나의 정서가 하나로 일치되는 듯한 그런 중심을 느꼈던 것이다. 사람은 누구나 무의식 속에서라도 자기만의 어떤 중심을 찾고 있는 것은 아닐까?

중심이란 비유하자면, 산이나 계곡의 깊은 곳, 물이 솟아나오는 곳에 해당할 것이다. 노자는 이 물이 솟아나오는 곳을 찾아 들어가면 무명無名의 세계에 이를 수 있다고 한다. 물이 흐르는 산 속의 골짜기를 안쪽으로 계속 더듬어 들어가면 어느 순간 골짜기의 막다른 곳에 이르게 되는데, 그 막다른 곳 너머에는 이름이 없는 세계가 있고, 그곳에서 물이 솟아난다는 것이다. 물이 나오는 그 너머에는 인간이 이름을 붙이지 않은 세계, 이름을 붙일 수 없는 세계가 끝도 없이 펼쳐진다고 한다.

불교에서도 생명이 있는 모든 존재는 이 이름 없는 세계에서 왔다고 한다. 때문에 이 세상은 덧없는 것이고, 우리는 거짓의 세계, 몽환의 세계에 살고 있다고 한다. 그러면서, 우리가 존재하는 이 세상을 지나치게 '무無'로 만들어버렸다. 반대로 공자는 눈에 보이지 않는 환영幻影 같은 것은 언급할 필요도 없다고 하면서, 아예 관심조차 두지 않았다. 그에 비해 노자는 이름 있는 세계와 이름 없는 세계는 같은 곳에서 온 것이니, 그 양쪽의 에너지를 잘 조화시키며 살아가는 게 어떻겠느냐고 말한다.

애초에 이름 없는 세계가 있어서, 우리는 그 세계에 우선 '하늘'과 '땅'이라는 이름을 붙였다. 그리고 '인간'이라든가, '나'라든가, '너'라는 등의 이름이 생겼다. 우리가 실재實在라고 생각하는 이 세상이다. 노자는 그 실재라는 현실을 인정하는 한편, '이름 없는 세계' 즉, 자연의 깊숙한 곳, 그곳에서 나오는 힘이 얼마나 크고 강력한 것인지를 동시에 말한다. 그리고 이름 없는 세계에서 나오는 힘과 이름 있는 세계의 힘, 그 양쪽을 조화롭게 융합할 수 있을 때, 균형과 조화를 이루는 자유로운 당신이 있다고 노자는 말한다. 수묵화가 표현하고자 하는 것은 바로 그러한 경지가 아닐까 싶다.

거듭 말하지만, 나는 그렇게 대단한 말을 할 만한 인간이 못된다. 팔순인 지금도 아직 욕망이 사그라들지 않아서 여기저기 한

눈을 팔며 살고 있다. 그래도 산의 아름다움이라든가, 숲 속의 고
요함 그리고 내 안에 있는 나도 모르는 힘, 생명력 등을 그림으로
그리고 싶고, 다른 사람들과도 함께 나누고 싶다는 소망을 갖고
있다.

생명의 코드로 노자 읽기

56
남을 도우며
함께 사는 능력

나는 나무에게서 많은 것을 배운다. 수령이 오래된 나무가 즐비한 휴양림이라든지 수목원 같은 데를 가보면 놀라지 않을 수 없다. 엄청나게 큰 나무들이 하늘을 가릴 듯 빽빽하게 들어차 있는 것이다. 그런데 그렇게 많은 나무가 어떻게 그리도 사이좋게 자랄 수 있는지 신기하기만 하다. 인간이라면 저렇게 붙어 있으면 금방 숨쉬기가 힘들어져 이웃을 훼방꾼으로 생각할 법도 한데 말이다. 하지만 나무들은 그렇게 큰 덩치들이 빼곡히 붙어 있어도 결코 서로를 불편해 하지 않는다. 공존하는 것이다.

　나무는 한그루 한그루가 독립해서 자라는 것 같아 보여도 대지를 함께 공유하고 있다. 서로가 서로의 뿌리를 받아들이면서 사이좋게 양분을 취하고 있는 것이다. 때문에 천년을 산다는 말이 있는 것이다. 숲에 가서야 비로소 깨달았다.

인간을 생각해보라. 서둘러 담장을 세우고 너와 나를 구분하려 할 것이다. 누구 키가 더 큰가 견주려 할 것이다. 시샘도 할 것이다. 하지만 다행스럽게도 이런 것만이 전부는 아니다. 인간에게도 경쟁하지 않고, 남을 배척하지 않고, 다른 사람을 도우며 함께 살아가는 타고난 능력이 있다.

내게는 손자들이 있는데, 그 아이들을 보면 알 수 있다. 아무 것도 모르는 두세 살밖에 안된 아이도 동생인 갓난쟁이가 울고 있으면, 얼른 달려가 우는 아기를 끌어안으려 한다. 어르고 달래 주려 한다. 그걸 보고 있으면, 아무 것도 모르는 어린아이일지라도 자기보다 약한 존재가 울고 있으면 딱하게 여기고 달래줄 능력이 있다는 걸 알게 된다. 약한 존재를 감싸고 함께 살아가려는 능력이 인간에게는 본성으로 갖춰져 있는 증거라고 생각한다. 그럴 능력을 지니고 태어나는 것이다.

우리는 아이 적의 그 선한 본성을 어느 사이엔가 잃어가고 있다. 아이는 어른의 아버지라고 하지 않는가. 아이 속에 숨어 있는 솔직하고 꾸밈없는 본성을 마주하고, 자신의 잃어버린 어릴 적 마음을 다시 한 번 떠올려 보자. 노자는 일찍이 말했다. 어린아기처럼 되어야 도에 이를 수 있다고.

57
생명으로 이어지는 삶의 방식과
형식으로 이어지는 삶의 방식

우연히 텔레비전에서 88세의 할아버지가 출연한 영상을 보았다. 아주 건강하게 스케이트를 타는 모습이었다. 인터뷰하는 사람이 마이크를 갖다 대고 물었다.

"그 연세에도 불구하고 어떻게 이렇게 기운이 넘치십니까?"

그러자 할아버지가 주저하지 않고 대답했다.

"연애하니까 그렇지. 이래 뵈도 애인이 여섯이나 있다네."

나 또한 그렇다. 실제 애인은 아니지만 영문학이라는 애인, 시라는 애인, 그림이라는 애인 그리고 지금은 노자라는 애인이 있다. 인간에게는 생명으로 이어지는 삶의 방식과 형식으로 이어지는 삶의 방식이라는 두 가지 길이 있다. 삶의 지향성이 생명으로 이어지지 않을 때 인간은 두려운 마음에 형식으로 이어지는 방식을 택한다. 그런데 우리의 생명 작용을 가로막는 것이 다름아닌 형식이다.

인간은 사회라는 조직을 만들 때부터 거기에 형식을 집어넣었다. 형식이란 사회가 질서 없이 뒤죽박죽일 때는 매우 유효한 수단이다. 인간은 이제까지 계급에 의한 구별, 예의, 법률 같은 온갖 형식을 수단으로 사회를 유지해왔다. 또한 인간은 역사 이래 숱한 전쟁을 치르면서 그 역사적 흐름 속에서 갖가지 형식을 만들어냈다.

그러나 '이제 더는 구별이나 형식 따위에 구속받고 싶지 않다'는 인식이 서양에서건 동양에서건 조금씩 꿈틀거리고 있다. 오로지 발전이라는 한 방향으로만 치닫는 물질문명에 대한 저항에서일까, 저 자연의 흐름에 맡겼던 자유로운 삶을 되찾아보려는 풍조가 미약하나마 일기 시작한 것이다.

서구에서는 서양철학이 동양철학 쪽으로 가까이 다가왔다. 그런가 하면 중국에서는 공산주의 체제 붕괴 이후, 서구의 자본주의 시장경제나 과학기술을 적극 받아들임으로써 비약적인 발전을 거듭하고 있다. 이렇게 동서양이 서로 긴밀하게 교류하는 시대에 생명이냐 형식이냐를 놓고 따지는 일은 쉽지 않게 돼버렸다. 그렇지만 뭐, 크게 신경 쓰지 않는다.

나는 세계 여러 나라 가운데 동양의 한 나라에서 태어나, 일개 개인으로서 지금 여기에 살고 있다. 따라서 그 안에서 내가 최선이라고 생각하는 것을 취해서 즐기면 된다. 노자와 함께 사는 삶이 바로 그런 것이다. 노자가 말하는 세상과 자연의 이치인 도를 깨우치며 사는 삶은 내가 즐겨 선택한 길이다. 이 길을 나 자신이 즐기다 보면 그것이 서서히 스며들어서 주위로 차츰 번져나가고, 그러면 세상은 좀 더 평화로워지지 않을까. 그런 생각으로 살고 있다.

노자가 훌륭하다고 해서 무리지어 노자의 사상을 큰소리로 떠드는 일은, 그 또한 바람직하지 않다고 생각한다. 일찍이 노자는 말하지 않았던가, 흐르는 물처럼 살라고. 상선약수上善若水, 지극히 온당한 것은 마치 물과 같다는 뜻이 아니겠는가. 물은 억지로 하지 않는다. 흐를 때 흐르고, 막히면 멈춘다. 돌아가야 하면 휘어져서 흐른다. 그러니 생명이냐 형식이냐를 따질 것 없이, 누구나 자신이 처한 환경에서 물처럼 다투지 않고 슬기롭게 살아가는 것이 바람직한 삶이고 그것이 자유로운 삶이 아닐까 생각한다.

58

파인 플레이와
'무심의 경지'

모처럼 축구 이야기를 해보려 한다. 나는 축구를 잘 보지 않는데, 온 세계 사람이 왜 그렇게 축구에 열광하는지, 왜 그리 야단법석인 지 이해가 되지 않는다. 기껏해야 공 하나를 쫓아다니는 운동경기 에 무려 5만 명의 인파가 몰려들다니⋯⋯. 나는 겨우 5백 부의 시 집을 내놓고도 팔리지 않아서 쩔쩔매고 있는데 말이다.

　그런데 얼마 전에 이런 생각에도 변화가 생겼다. 축구는 잘 모 르지만 야구는 직접 해본 경험도 있어서 좀 아는 편이다. 그래서 야구 이야기부터 해보겠다. 먼저, 사람들이 왜 야구를 보러 가느냐 하면 그 근본에는 '무심無心'을 바라는 마음이 있어서가 아닐까 생 각한다.

　웬 뜬금없는 소리인가 하겠지만⋯⋯.

야구를 보면서 가장 즐거운 때는 언제일까? 내 경우는 파인 플레이를 보는 순간이다. 그 순간은 정말 멋지다. 공이 외야 플라이로 높게 날아오르고, 그 공을 외야수가 쫓아가서 담장 끝으로 손을 뻗는 것과 동시에 시속 100km를 넘는 공이 '픽'하고 글로브 안에 꽂힌다. 그 순간은 뭐라 말할 수 없는 희열이랄까, 짜릿한 쾌감을 느낀다. 그런 멋진 장면을 한번만이라도 볼 수 있다면, 저녁내 비를 맞으며 관람했다 해도 만족스런 마음으로 돌아갈 수 있다.

그럼, 파인 플레이 한 장면이 왜 그렇게 큰 감동을 주는 것일까. 그건 아마, 그 순간 선수의 행위가 '무심'이기 때문일 것이다. 무심이란 마음이 가장 순수한 상태다. 결정적 순간이 닥치면 선수는 공을 꼭 잡아야지 라거나, 시합에 이겨야지 하는 생각 따위는 하지 않는다. 일체의 목적을 잊은 채, 온몸으로 최상의 에너지를 뿜어내며 공을 향해 손을 뻗을 때, 글로브에 공이 꽂힌다.

그런 짜릿한 순간은 우리 일상에서 만나기 쉽지 않다. 에너지가 한껏 발휘되었을 때의 인간 모습은 아름다움 그 자체다. 축구에서도 골키퍼가 마주 오는 공을 향해 비호처럼 날아 올라 날렵하게 채가는 모습은 인간을 떠나 동물적 움직임의 아름다움을 보는 것 같다. 그런 모습에 사람들은 감동하고 쾌감을 맛본다.

그러고 보면 인간은 지식의 세계를 추구하며 늘 그 세계에 머물러 있으면서도, 그 세계 너머 저편에서의 방문을 기다리고 있는 것은 아닐까 하는 생각이 든다.

어쩌면 인간들이 온갖 지식을 동원해 만들어온 것은 그러한 방문을 맞이하기 위한 준비였다는 생각조차 든다. 때문에 이상하게 들리겠지만, 오늘날 우리의 세계는 지식으로 만들어져 있지만, 실은 진정으로 우리의 내면을 움직이는 것은 '비지식이다'라는 생각조차 든다. 그런 생각을 하다 보면, 사랑이나 예술을 비롯한 모든 정신적 행위는 '무심'과 '자유'라는 것에 깊이 연결돼 있음을 강하게 느낀다.

예술이나 스포츠에서 무심의 경지가 체현되는 모습을 볼 때, 그것을 희열로 받아들이는 감각은 우리 속에 늘 존재하고 있다. 때문에 야구도 축구도 그 열기가 식지 않는 것이다. 지식인이라는 사람도 정신없이 빠져든다. 다만, 여성이 남성보다 덜 빠져드는 것은 아기를 낳고 키우는 그 자체가 커다란 '무심'인 까닭이 아니겠는가.

생명의 코드로 노자 읽기

59

당신의 가능성은
언제든 밖으로
나오고 싶어 한다

나는 요즈음 스스로의 가능성에 대해 다시 생각하게 되었다. 왜냐하면 나는 예순 살까지는 그림 같은 건 그려본 일이 없기 때문이다. 미술적 소양을 쌓을 만한 환경도 되지 못했다. 대학에서 강의하던 시절에도 말로 설명하기 어려울 때는 간혹 그림을 그리거나 했는데, 워낙 솜씨가 솜씨인지라 번번이 학생들의 웃음거리가 되곤 했다. 그런 수준의 남자가 예순이 넘어서 그림을 시작한 것이다. 그래서 지금은 글 쓰는 일이 반, 그림 그리는 일이 반인 일상을 살고 있지만.

시를 쓰는 일도 예순 살부터 시작했다. 그때까지 영문으로 된 시나 소설을 번역하거나 영문학에 관련된 글은 써왔지만, 나 자신의 창작물로서 시나 에세이는 거의 써본 적이 없었다. 모두 예순이 넘어서 시작한 일이다.

왜 이런 말을 하는가 하면, 당신 속에도 반드시 그런 가능성이 있다는 것을 알려주고 싶어서다. 아직 발견이 되지 않았을 뿐, 우리에겐 모두 잠재된 가능성이 있다고 나는 믿는다. 요는 그것을 언제 어떻게 발견하느냐가 문제다. 잠재된 가능성을 찾는 일은 나이와도 상관이 없다. 그러니 이미 예순이 넘은 사람이라면 일흔 살이라도 괜찮다. 그리고 아직 3, 40대의 젊은이라면 천천히 해도 된다. 서두르거나 초조해 할 필요가 전혀 없다. 예순쯤 되면 근사한 것이 나오겠지 하고 여유있게 생각하면 정말로 나온다.

그러기 위해서는 무언가 방법이 있을 거라고 생각할지 모른다. 말은 저렇게 하지만, 무언가 나오기 위해서는 특별한 어떤 것이 있거나, 미리미리 준비해두지 않으면 안 될 텐데 하고 말이다. 하지만 아니다. 준비한다면 오히려 역효과일 수 있다. 뭐랄까, 준비하지 않으면서 준비한다고 해야 할까? 무슨 말이냐 하면, 머릿속에 들어온 것을 다른 한편으로 마음속에도 넣어두라는 것이다. 그러면 나오게 돼있다. 머릿속에만 가둬두어서는 나오지 않는다.

잠재된 가능성이라는 말을 보면 잠재란 어딘가에 숨어 있다는 뜻인데, 그렇다면 어디에 숨어 있는 것일까. 우리 몸속 어딘가, 아마 마음에 숨어 있지 않을까 싶다. 숨어 있는 가능성은 언제든 밖으로 나오고 싶어 한다. 하지만 우리는 우선 생활이라는 것을 꾸려가지 않으면 안 된다. 생활비를 벌어야 하고, 위험한 상황에 처하지 않도록 주의를 해야 하며, 남한테 좋은 소리를 듣기 위해 신경

생명의 코드로 노자 읽기

을 쓰지 않을 수 없다. 그러저러한 다양한 요구에 몰리며 살다보면 숨어 있는 가능성은 관심에서 멀어진 채 그대로 묻혀버린다.

노자는 '자족自足할 줄 아는 사람이 넉넉하다'고 했다. 그 말은 지금 이대로의 당신은 충분히 넉넉하다는 말이나 다름없다. 왜냐하면, 스스로 만족한다는 것은 물질적 풍요에 의해 좌우되는 것이 아니라, 마음에 의해 좌우되기 때문이다. 많든 적든 있는 그대로의 현실을 받아들이고, 욕심에서 벗어난 순수한 마음이 되어야 비로소 자신의 가능성이 눈에 들어온다. 그런 때라야 잠자고 있던 가능성이 밖으로 나올 수 있다. 그리고 환하게 빛을 발할 수 있다. 가능성은 당신 안에 충분히 잠재해 있으니까 말이다.

60

다투지 않고 살아가려면
어떻게 해야 할까

『도덕경』의 마지막 장인 제81장의 맨 끝 구절은 '다투지 마라'다.
'다투지 마라'는 고대 국가 이래 4,000년 동안의 인간 역사에서 제
대로 실현된 적이 한 번도 없었다. 20세기만 해도 세계대전이라는
이름으로 큰 전쟁이 두 번이나 일어났다. 지금도 국지적으로 세계
곳곳에서는 싸움이 끊일 날이 없다.

　물론 노자뿐만 아니고 예수도 부처도 비슷한 말을 했다. '싸우
면 안 된다', '원수를 사랑하라', '평화롭게 살아라'라는 식으로. 다
만 노자가 특별한 점은 실로 명쾌하고 알기 쉬운 비유로 그런 말을
거듭 강조했다는 것이다. 다투지 않고 살려면 어떻게 해야 하는지
에 대해서는 '물이 흘러가는 것을 보라'고 한다.

　물은 상황에 따라서 이쪽으로 저쪽으로 구부러졌다 휘었다 하

며 자유자재로 흐른다. 막힌 곳을 만나면 머무르고, 나아갈 수 있게 되면 나아간다. 물은 초목을 기르고 사람을 살리면서, 온갖 목숨 있는 것들에게 싱싱한 생명력을 부여한다. 가만히 고여 있는가 하면, 노해서 주위의 것을 휩쓸어 넘어뜨리기도 한다. 물을 보고 있으면 '도'라는 것이 어떤 것인지를 느낄 수 있다.

지금의 현실에서는 전기라는 말로 바꿀 수 있을지 모르겠다. 전기는 막강한 힘으로 우리 생활에 절대적인 도움을 주고 있다. 우리는 물이나 전기의 에너지를 이용해서 농업이나 공업을 발전시키며 풍족한 문명 세계를 이룩했다. 그리고 이제는 도움을 주는 수준을 넘어서, 전기가 없으면 이 문명 생활을 이어가기 어려울 정도로 없어서는 안 될 존재가 되었다. 이렇게 인류가 이용해온 전기 에너지는 대단한 것이다. 그러나 물도 전기도 결코 '돌려달라'고 말하지 않는다. 우리에게 많은 것을 베풀었지만, 그 공을 뽐내거나 생색을 내지 않는다. 이 '생색내지 않음'은 물이나 전기의 훌륭한 점이다.

'도'도 마찬가지다. 그러나 도의 에너지는 훨씬 더 크다. 비교할 수 없을 정도로 아주 크다. 물도 전기도 인간도, 세상 모든 것을 아우르는 엄청난 에너지가 바로 도인 것이다.

61

자기중심을 갖지 않은
사람은 휘청거린다

타인을 신경 쓰면서 사는 일만큼 의미 없는 일도 없을 것이다. 다른 사람을 신경 쓰지 않고 산다는 일이 어떤 것인가 하면, '화和하지만 동同하지 않는다'는 것, 즉 화이부동和而不同이다. 이 말은 논어의 자로 편에 나오는 구절이다.

'화 和한다'는 것은 서로 다른 의견 가운데서 공통점을 찾아내는 것으로, 자기 것을 지키면서 다른 사람과 사이좋게 어울리는 것을 말한다. 반면, '동同한다'는 것은 의견의 차이를 인정하지 않으면서 굳이 의견을 일치시키려 하는 것을 말한다. '화'와 '동'은 얼핏 보면 비슷해 보이지만 두 단어 사이에는 분명한 차이가 있다.

이 구절은 또한, '소인小人은 동同하고 화和하지 않으며, 대인大人은 화和하나 동同하지 않는다'는 뜻으로도 풀이된다. 의미는, 군

생명의 코드로 노자 읽기

자는 다른 사람과 화합하되 남들과 똑같아지려 하지 않는 반면, 소인은 다른 사람과 똑같이 행동하면서도 화합하지 못한다는 뜻이다. 즉, 군자는 다름을 인정하는 가운데 다른 것과의 조화를 모색하는 반면, 소인은 다름을 인정하지 못하면서 무엇이든 같게 만들거나, 같아지려 한다는 말이다.

그렇다. 자기 존재의 중심을 잡고 조화와 균형을 이루고 사는 사람은 그것을 유지하면서 다른 사람과도 조화롭게 지낼 수 있다. 그러나 자기중심이 없는 사람은 금방 상대의 영향을 받아 휘청거리거나, 굳이 의견을 일치시키려고만 든다.

노자의 생각은 이러한 공자의 말에 좀 더 깊이를 더한 것이다.

노자는 '화한다'의 의미를 단순히 자신과 상대가 잘 화합하는 선에서만 그치지 않는다. 자기의 중심에 도가 있으며 상대의 중심에도 도가 있어서, 두 도의 에너지가 합쳐지면서 새로운 넓은 세계가 열린다는 뜻으로 '화'를 말한다. 이해하기 힘들다면 생명이라는 말로 바꾸어도 좋다. 내 생명과 상대의 생명이 조화롭게 어울릴 때, 거기에 또 하나의 널따란 세계가 펼쳐진다는 것이다. 서로를 허용하고, 함께 자애를 나누는 넓고 큰 세계가 말이다.

공자도 어떤 의미에서는 노자와 같은 말을 하고 있다. 하지만 공자의 이야기는 인간 세계에 한해서 잘 들어맞는다. 따라서 이해하기가 쉽다. 이해가 쉽다보니 종종 정치가들에게 이용당하곤 한다. 그에 비해 노자는 좀 더 넓은 경지에서 말하고 있기 때문에 정치가들에게 이용당하지는 않는다. 반대로 배척당하는 것이다.

유가가 정치 사회 권력의 중심사상이었을 때는 노자나 장자 사상은 이단시되었다. 뿐만 아니라 그에 관련된 사상서는 금서가 되기도 했다. 우리가 이렇게 자유롭게 노자를 논할 수 있게 된 것도 그리 오래 된 일이 아니다. 그나마 경제적인 면에서, 기본적인 의식衣食이 어느 정도 해결되고 나서의 일이다. 그러니 이렇게 거리낌 없이 노자에 관해 이야기하는 일 자체가 자유를 숨 쉬는 일이 아니겠는가.

62
인간의 언어 수준은
어느 정도일까?

표리일체表裏一體라는 상태를 언어로 표현해내는 일이 과연 가능할까. 겉과 속이, 앞면과 뒷면이 하나로 된 상태를 언어로는 과연 무엇이라고 부를 수 있을 것인가.

선善이란 말은 악惡이 있기 때문에 존재할 수 있는 말이다. 악이 없다면 선도 없다. 그렇다면 선과 악은 둘 다, 양쪽이 있지 않고서는 성립할 수 없는 개념이다. 한쪽이 없으면 다른 한쪽도 없다. 미美와 추醜 또한 마찬가지다. 아름다움이란 것도 '미'만 있고 '추'가 전혀 없는 세계라면, 거기에는 '미'라는 말 또한 있을 수 없다.

그런데 선과 악, 양쪽이 함께 있는 상태를 나타내는 언어란 아직 우리에게는 없다. 미와 추가 섞인 상태 또한 언어로는 나타낼 수 없다. 혹시 생각나는 말이 있는가? 아마 없을 것이다. 그리고

'일체一體'란 '하나'라는 말인데, 그렇다면 겉과 속이 '하나'인 상태 란 과연 어떤 경우일까. 지금의 언어는 이런 융화된 부분은 표현하 지 못한다는 한계가 있다. 인간의 언어란 아직 그런 수준이다.

서양의 논리 철학은 줄곧 그만한 수준의 언어를 사용해왔다. 사물을 쪼개고, 미세하게 점점 더 잘게 쪼개면서 과학적 사고를 조 립했다. 선과 악, 미와 추, 유와 무 하는 식으로. 이렇게 개념을 대 립시키는 사고체계를 이원론이라고 한다. 이원론에서는 선과 악, 미와 추, 유와 무 같이 양쪽이 존재하는 것이면 뭐든 언어로 표현 할 수 있다. 하지만 노자에서는 '유 속에 무가 있다' 또는 '무 속에 유가 있다'고 한다. 그건 일원론이라고도 할 수 있겠으나, 나로서 는 이 부분이 명확하게 잘 설명이 되질 않는다.

서양에서는 과학이나 철학 같은 모든 사고 체계를 이원론으로 인식해왔다. 다만, '이원론을 통합하는 무언가'가 없어서 이상하다 는 생각은 해왔을 터이다. 그렇다고 그 생각을 끝까지 파고 들어 갔다가는 그때까지 쌓아온 이원론의 기반이 무너질지 모르니까, 거기에 '신'이라는 존재를 앉혀 두었다. 전지전능한 신이라는 존재 를 만들어 현실 저 너머 세계에 모셔두고는, 신이 만든 현상 세계 를 언어의 논리로 분석하기 시작했다.

그러나 근대로 넘어오면서 서양에서는 기독교적인 인식을 무 작정 믿을 수만은 없게 되었다. 신을 대신해서 '허무'나 '무'를 말 하는 철학자들이 나오기 시작했으니까. 또, 과학적 사고로 파고들 어서 물질이라는 것을 끝까지 논리적으로 분석한 결과 양자역학이

　　　　　　　　생명의 코드로 노자 읽기

라는 분야가 생겨났다. 그런데 이들 연구에서, 사물을 쪼개고 쪼개다 마지막에 이르면, 그 마지막 부분이 움직이고 있는 것인지, 정지해 있는 것인지를 알 수 없다는 결론에 이르렀다. 논리의 세계가 거기서 막다른 벽에 부딪히고야 비로소 다른 무언가가 서구인들 눈에 들어오기 시작했다. 이 양자역학의 출현은 과학뿐만 아니라 예술과 종교, 법률 같은 삶의 전반에 지대한 영향을 미쳤다.

그때까지 서구 지식인들을 지배하고 있던 뉴턴의 결정론적 세계를 우연과 확률이 지배하는 세상으로 바꿔 놓은 것이다. 동시에, 다가올 미래를 불확실성의 시대로 방향전환을 시켜버렸다.

그렇지만 노자는 이미 알고 있었다. 언어를 훌쩍 뛰어 넘는 무언가가 있다는 것을 고대인의 직관으로 알아보았던 것이다. 얼마나 예리한 통찰력이고 선견지명인가. 우리는 노자가 본 세상을 두고 '무가 아닐까?' 혹은 '혼돈이 아닐까?'라며 부단히 언어로 바꿔서 정의하려 한다. 그러나 말로 정의하게 되면, 그것은 이미 '그것'이 아닌 것이 돼버린다. 그 대목이 실로 오묘하다.

'혼돈'이라고 하면 '혼돈이 아닌 것'이 튀어나온다. '우주'라고 말할 수도, 아니라고 할 수도 없는 그런 무언가. '혼돈'이라든가 '우주'라는 언어에서 불거져 나온 것, 혹은 그것들 모두를 포함하는 것. 이름도 붙일 수 없는, 언어를 넘어선 그 무언가란 노자가 말하는 무의 세계겠지만, 그 같은 상태가 '있다'는 것만은 확실하다.

63

우연히 부딪치는 지식,
찾아가는 지식

나는 와세다 대학을 나왔지만, 학부 시절 내내 제대로 된 공부는
해보지 못했다. 하지만 어찌어찌해서 미국의 대학원에 들어갔고,
거기서 비로소 공부다운 공부를 할 수 있었다. 그 곳에서 맨 처음
접한 것은 '어떻게 문헌을 찾을 것인가'라는 강좌였다. 예를 들면,
'이러이러한 책이 몇 년도에 출간되었는지 도서관에 가서 조사해
오라' 같은 것이었다. '헤밍웨이의 『노인과 바다』에 관한 비평 가
운데, 몇 년과 몇 년에 나온 것을 전부 찾아오라', '셰익스피어의 이
말은 어느 작품에 실린 것인지 알아오라'와 같은 주제가 주어졌다.

1950년대 초였지만 미국 대학의 도서관에는 이미 모든 자료들
이 마이크로필름으로 정리돼 있었다. 처음 접한 나로서는 눈이 휘
둥그레지지 않을 수 없었다. 찾고 있는 자료에 딱 들어맞는 필름을

생명의 코드로 노자 읽기

찾아서 그것을 기계로 보는 것이다.

그런 과정을 거치면서 필요한 지식을 어떻게 찾아야 하는지를 차츰 터득하게 되었다. 그 전까지는 지식이란 부딪치는 것이라고 생각했다. 이미 정리돼 있는 것을 다른 사람한테서 듣는다든가, 책을 읽는다든가 해서 그렇게 마주치게 된 것을 외우는 게 공부라고 막연히 알고 있었다. 그런데 미국의 대학에 와보니 '무엇을 연구하려면, 우선 어떤 지식이 어디에 있는가를 찾아내는 방법부터 익혀야 한다, 남한테 들은 지식에 의존하는 것은 진정한 학문이 아니다'라고 가르치고 있었다. 제대로 된 공부법을 처음으로 배운 셈이다. 물론 당시의 와세다 대학에도 꽤 훌륭한 도서관이 있었다. 하지만 어디에 어떤 연구 자료가 있는지는 전혀 알 길이 없었다.

유럽 쪽에서는 정보나 지식을 체계적으로 정리하는 부문에 상당한 노력을 기울이고 있었는데, 그 가운데 하나가 사전이다. 이탈리아의 깔레피노, 독일은 그림동화를 쓴 그림, 영국의 머레이, 프랑스의 리트레 등은 엄청난 규모의 대사전을 편찬하면서 자국의 언어를 빈틈없이 정리해 두었다. 지식의 가장 기초가 되는 부분을 집대성하여 다음 세대들이 자유롭게 활용할 수 있도록 한 것이다.

그런데 일본에 와서 보니 학생들은 콘사이스concise라는 자그마한 휴대용 사전 하나에 의지하고 있을 뿐이었다. 선생들도 누구 하나 이러이러한 사전이 있다든지, 어떤 식으로 사용하라든지 하는 정보를 가르쳐주지 않았다. 심하게 말하면, 당시의 영어교사는 자기가 갖고 있는 사전의 방대한 지식을 조금씩 잘라서 팔아먹고 있던 셈이었다. 그 비밀의 원천을 가르쳐주지 않으니 학생들은 선생님이 대단히 박식하다고 생각할 수밖에 없었으리라.

미국에서 돌아오는 즉시, 신슈 대학에서 강의를 하게 되었다. 나는 학생들에게 정보를 활용하는 방법에 대해 상세히 알려주었다. 세상에는 이러저러한 사전이 있으니 여러분도 많이 애용해보라, 그러면 교사들과 같은 토대에 설 수 있다고 가르쳐 주었다. 또 해외의 권위 있는 사전에 대해서도 폭 넓게 소개해 주었다. 그때 모은 자료들을 기초로 해서 만든 것이 나의 첫 번째 저서 『영어사전 이야기』라는 책이었다. 이 책은 예상을 뒤엎고 출판되자마자 날개 돋친 듯 팔려 나갔다. 이 사전을 기점으로 다른 사전도 줄줄이 출간되면서 사전류 편찬은 한동안 붐을 이루었다.

나는 하루 아침에 영어사전 전문가 취급을 받았지만, 나 자신은 전혀 그럴 생각이 없었기 때문에 거기서 빠져나와 버렸다. 지식의 광산을 캐내듯 자료를 발굴하고 정리하는 일도 재미있고 의미 있는 일이다. 하지만 그 세계에 빠져서, 나 자신이 지식의 기계가 되는 걸 경계하는 마음도 없지 않았다. 아니, 솔직히 말하면, 지식의 광부보다는 문학에 내재된 자유로운 상상을 좇는 쪽이 내 기질에는 더 맞는다고 생각했다. 물론 그 선택은 옳았다. 지금 이렇게 자유로운 삶을 즐기고 있으니 말이다.

64

흥미는
어디에서 생기나

우리는 지금 많은 정보를 손에 넣을 수 있는 시대에 살고 있다. 그러나 홍수처럼 밀려와 일방적으로 주어지는 지식은 죽은 지식이나 마찬가지다. 왜냐하면 거기에는 '자신의 흥미'라는 핵심 요소가 빠져 있기 때문이다. 지식이란 개인적 흥미를 바탕으로 하지 않는 한, 아무리 많은 정보를 끌어모아 봤자 별 쓸모가 없다. 흥미라는 말을 '피'라고 해도 좋다. 누구든 흥미를 느끼면 거기에는 피가 통한다. 지식에 피가 통하면 어떤 상황에도 자유롭게 대처할 수 있는 응용력이 생긴다. 그렇게 활용할 수 있는 지식이 진정 살아있는 지식이라고 생각한다.

그러면 어떻게 하면 흥미를 가질 수 있을까, 흥미라는 것은 어디서 생기는 것일까라는 문제가 남는다. 이 부분은 아직 잘 모르겠다. 왜 배가 고픈가, 왜 꽃이 좋은가, 왜 그림을 그리고 싶은가 하는 것을 본인도 잘 모르듯이 말이다. 나로서도 왜 노자에게 끌리는지, 어떤 점에 흥미를 느끼는지에 대해 스스로도 잘 모르겠다. 자신의 내면 어딘가에서 저절로 우러나오는 것이다.

'이렇게 하면 대학에 붙을 수 있다', '이 방법이라면 돈을 더 벌 수 있다', '이쪽을 선택해야 득이 된다'라는 식의 정보는 자신 속에서 스스로 우러나오는 것이 아니다. 자신의 끌림이나 흥미하고는 아무런 상관이 없다. 때문에 이러한 정보에 반강제로 내몰리고 있는 지금의 아이들은 안됐다는 생각이 든다. 같은 지식이라도 흥미를 느끼고 발전시켜가는 사람과 그렇지 않은 사람과의 차이는 클 수밖에 없다.

분명 지식의 세계에는 뛰어난 성과물이 많고, 사회에서 살아가려면 반드시 필요한 것이기에 지식 자체를 부정할 생각은 없다. 또 흥미나 호기심을 가지고 지식의 세계를 탐험한다면 그것만으로도 일생을 가슴 두근거리며 살 수 있을 만큼 대단한 영역이다. 그러니 나는 결코 지식의 세계를 얕잡아 보지 않는다.

다만, 지식의 세계가 얼마나 흥미로운 세계인지를 먼저 알아주었으면 하는 것이다. 그래야 맹목이 아닌 살아있는 지식을 만날 수 있다. 아울러, 지식만이 다가 아니다. 지혜의 세계가 있다. 그리고 그 지혜를 넘어서는 또 다른 세계가 있다는 것도 기억해 주었으면 한다.

65
아름다움이란
살아있는 것이다

오래 전 대학 시절에 '미학'에 관한 책을 몇 권 읽은 적이 있다. 무슨 이야기였는지 지금으로선 전혀 생각나지 않지만, 아주 지루했었다는 것만은 기억하고 있다. 그 뒤로도 영어로 된 비슷한 책들을 읽어보았지만, 역시 무슨 내용인지 알 수 없긴 마찬가지였다.

왜 그럴까 이유를 생각해보니, 추상적인 언어로 다루어서는 생생한 아름다움을 느낄 수 없기 때문이다. 아름다움이란 살아있는 것이어서 머리로 다룰 수 있는 그런 단순한 성질의 것이 아니다.

아름다움은 살아있는 생명의 에너지라고 나는 생각한다. 아름다움이 어떻게 에너지인가 하고 의문을 가질지 모르겠다. 한 예로 우리는 흔히 '아름다움에 압도당했다'라고 하지 않는가. 에너지가 있기 때문에 압도되는 것이다. '아름다움에 끌린다'는 것도 마찬가지다. 아름다움이란 결코 추상적이지 않다. 아름다움은 우리를 움직이게 하는 생명력이며, 그 에너지는 우리가 살아가는 데 있어서 가장 소중한 것이다. 때문에 아름다움은 생명의 상징이다.

옛 중국인들도 이런 사실을 알고 있었던 듯하다. 궁금하다면 아름답는 '미美'라는 글자를 한번 살펴보자. '양羊'과 '대大'로 돼 있지 않은가. 커다란 양은 영양가가 풍부하고 맛도 좋아서 생명에 충분한 영양을 공급해준다는 뜻이다. 즉 생명을 살리는 영양을 주는 것이 아름다움의 기준이 되었던 것이다.

우리는 맛있는 것을 대하면 좋아하는 사람을 떠올리며 같이 나누고 싶어 한다. 맛을 미각으로만 인식하지 않고, 정서적인 감정으로까지 이어가는 것이다. 인간관계에서도 차나 한잔 마신 관계와 밥 한 끼를 같이 먹은 사이에는, 그 관계의 온도 차이를 느낄 수 있지 않은가.

서양에서는 외형적인 모습에서 아름다움의 기준을 찾으려 한다. 아름다움을 눈에 비치는 이미지로만 보려는 것이다. 하지만 동양에서는 예로부터 아름다움을 생명과 연결시켜서 생각해왔다. 오늘날의 우리에겐 도움이 되는 지혜로운 생각이 아닐 수 없다. 아름다움을 맛있는 것, 기쁜 것으로 받아들이며 최선의 가치로 소중히 하는 일이야말로, 생명력이나 활력을 자기 속으로 맞아들이는 일이라는 사실을 꼭 기억하기 바란다.

66
인간은 과거로부터
얼마나 자유로울 수 있나

지난 2월부터 50여일 정도 호주에 다녀왔다. 지난 겨울 이나 계곡에는 유난히 눈이 많이 내려서 쌓인데 또 쌓이다 보니 집 주변이 온통 눈으로 뒤덮여 버렸다. 그것도 하나의 이유가 되겠거니와 마침 불러주는 사람이 있어서 혼자 여행길에 나섰다.

한 겨울에 이나 계곡을 떠나 8시간 만에 도착한 호주는 이미 여름 한복판이었다. 시차는 한 시간밖에 나지 않는데, 어떻게 계절이 그리 정반대일 수 있는지 아직도 어리둥절하다.

도착한 때부터 언어는 영어로 바뀌어 돌아올 때까지 모국어는 한마디도 써보지 못했다. 처음에는 호주식 영어가 귀에 설었지만, 시간이 지나면서 차차 익숙해졌다. 음식도 야채절임에 된장국을 먹었는데, 종래 먹던 것과는 전혀 다른 맛이었다.

하루 만에 엄청난 변화를 겪은 셈인데, 몸은 과히 힘들지 않았고 낯설다는 느낌도 없었다. 스스로 생각하건데 나라는 인간은 어떤 환경에서도 살아남을 수 있는 적응력이 뛰어난 동물 같다. 과거가 전혀 걸림돌이 되지 않았고, 앞일도 그다지 걱정되지 않았다. 상황이 돌아가는 대로 번역해 달라면 열심히 번역해주고……. 그러다보니 다들 어렵다고 하는 포크너의 번역도 단숨에 해치워 버렸다. 이런 식이라면 시도 그림도 시작할 수 있을 것 같았다.

호주 땅에 발을 내디딘 순간부터 나는 '노바디nobody', 이름 없는 한 인간이었다. 대학교수도 아니고, 글쟁이도 아니고, 그림쟁이도 아닌 그냥 '헤이, 존'으로 통했다. 사람이란 직함이나 나다운 것의 정체성을 벗어던지면 허전하기 짝이 없고, 누군가에게 인정받고 싶어 안달이 난다고 한다. 그러나 나는 그저 한 사람의 '존'으로서 누리는 자유로움이 꽤나 마음에 들었다. 영어가 좀 되니까 특별히 외국인 취급을 받지 않은 점도 한몫 했을 터이다. 일흔 다섯이라는 나이에 자신의 정체성을 완전히 벗어버릴 기회란 거의 없다. 그러나 나는 호주에서 50여 일을 이름 없는 노바디로 살았다.

호주에 있는 내내 '가지마 쇼조'라는 아이덴티티를 벗어던지고 살았는데, 나중에는 슬그머니 그 아이덴티티를 도로 찾고 싶어졌다. 나는 그저 노바디가 아니라고, '알고 보면 나도 꽤 능력이 있는 사람'이라는 티를 내고 싶었나 보다. 모르는 사람들과 어울려 난상토론을 벌이다 보면, 나중에는 자신도 모르게 슬며시 화가 치솟곤 했다. 그 이유를 집에 돌아올 때까지 알지 못했다. 집에 돌아와서야 그때 자신이 왜 그렇게 화가 났었는지를 깨닫자, 허탈한 웃음만 나왔다. 노바디로는 그리 오래 견딜 수 없었던 모양이다. 무위무관 無爲無冠의 한 인간으로서 자신을 즐겼노라고 큰소리쳤지만, 기실 과거란 그리 간단히 벗어던질 수 없다는 사실을 새삼 깨달았다. 낯선 이국땅에서 아무도 내 존재를 알아주지 않는 사실이 못내 서운했던 걸 보면 말이다.

사회에서 살아가는 인간은 과거부터 쌓아온 자신의 모든 것을 벗어던지기가 쉽지 않다. 그렇다 해도 그 과거로부터 한 발짝 떨어짐으로써 또 다른 자유와 즐거움을 발견할 수 있는 것 또한 사실이다. 그래서 우리는 때로 여행이 떠나고 싶어지는지 모른다. 그러나 고작 50일 정도에서 무의식적으로나마 과거가 되찾고 싶어지다니……. 그건 추태다. 그러나 추태라 해도 어쩔 수 없다. 나는 그렇게 대단한 인물이 못되니까.

여러분도 일개의 노바디가 되어 어디론가 떠나볼 것을 권한다. 틀림없이 멋진 사람으로 모두에게 사랑받을 것이다. 우리는 타인과의 만남에서 잘난 체하거나, 남을 깔보거나 하면서 다른 사람에게 상처를 준다. 그런 것만 걷어내보라. 모두에게 '좋은 사람'이라는 소리를 들을 테니. 우리는 대부분 그런 심성을 지니고 있다.

개인뿐만 아니라 나라에도 과거가 있다. 일본처럼 오랜 역사를 가진 나라는 손해를 보는 면이 적지 않다. 도요토미 히데요시나 오다 노부나가 같은 일종의 살인을 저지른 인물을 영웅으로 부르는 역사관을 어린아이 적부터 심어주고 있으니 말이다. 그 자체가 얼마나 진실을 왜곡하는 일인가. 나는 『추신구라忠臣蔵』도 좋아하지 않는다. 한 노인에 대한 잔인한 복수 이야기가 매년 12월만 되면 가부키 공연으로 대중 앞에 나타나다니. 이는 복수를 일반인 사이에 정당화하면서 잔혹함에 마비되게 하는 행태다.

호주 사람들은 희한할 정도로 과거에 대해서 말하지 않는다. 백인이 호주 땅으로 흘러들어온 2, 300년 사이의 과거사에 자랑거리가 많지 않기도 하겠지만, 대신 그만큼 역사 문제에서는 홀가분한 것 같다.

특별히 과거를 소중히 여기지 말라는 이야기가 아니다. 역사 속에는 소중히 간직해야 할 과거와 짐이 되는 과거가 있다. 21세기도 되었으니 한번쯤 우리가 짊어지고 있는 과거를 돌아보는 것도 좋겠다. 그래서 역사에 짐이 되는 과거사는 흘려버리고, 바람직한 부분만을 계승하도록 하는 그런 지혜를 발휘했으면 한다.

67

생명의 힘은 늙어서도
젊어서도 변함이 없다

우리 집 근처에는 삼백 년 묵은 수려한 자태의 멋진 벚나무가 있다. 그리고 내 집 뒷마당에는 삼십 년 정도 된 젊은 벚나무가 있다. 봄이 되면 두 나무에는 어김없이 화사한 벚꽃이 만개한다. 언젠가 삼백 년 묵은 벚나무의 늘어진 가지에서 딴 벚꽃과 삼십 년생 젊은 벚나무의 꽃을 따서 비교해 본 일이 있다. 그런데 꽃에서는 별다른 차이를 느낄 수 없었다. 향기나 모양, 색깔에서 미미하게라도 다른 점은 발견되지 않았다.

그걸 보고 나는 느끼는 바가 있었다. 벚나무에 흐르고 있는 생명의 힘은 나이가 들었거나 어리거나 크게 변하지 않는다는 사실을. 80대의 내 몸에 흐르고 있는 생명의 힘 그 자체는 젊은 사람의 그것과 크게 다르지 않은 것이다. 다른 말로 바꾸면, 나이를 먹어도 정신은 쇠하지 않는다는 말이다. 나만의 착각일까?

나 자신의 예를 보아도, 정신력은 젊었을 때보다 더 낫다고 생각될 때가 있다. 왜냐하면 요즈음처럼 사람들 앞에 나서서 이야기하고, 여기저기 강연 다니고, 글 쓰고, 그림 그리고 하는 일은 젊었을 때는 감히 엄두도 못내던 일이다.

그래서 내친김에 이제부터 사랑을 해볼까 한다. 여든 살부터의 사랑은 어떤 사랑일까? 아마도 연륜이 묻어나는 은근한 사랑이지 않을까? 여성도 중년이 되면 자신이 좋아하는 것쯤은 스스로 선택할 수 있으니, 마음을 열어놓고 살다보면 인생의 후반기라해도 멋진 사랑이 가능하지 않을까 싶다.

다른 뜻은 없다. 인간은 그만큼 가능성이 충만한 존재라는 사실을 알려주고 싶을 뿐이다. 자신에 내재된 가능성이 일상의 먼지를 털어내고 한껏 기지개를 켤 수 있도록 마음의 문을 활짝 열어두자. 잠자던 가능성이 눈을 뜨면 당신은 분명, 새로운 활력의 충전을 듬뿍 받게 될 것이다.

인간은 생명력도, 생명력에 깃든 정신력도 그렇게 쉬이 나이를 먹지 않는다는 사실을 기억해 주기 바란다.

68
상대를 살리면서
느긋하게 이기는 법

'바둑과 노자'라고 하면 생소한 느낌이 들지 모르겠지만, 바둑판에서도 노자의 생각을 새겨볼 수 있다.

바둑에서 필요한 것은 바둑판과 흰 돌, 검은 돌이라는 세 가지의 아주 간단한 도구뿐이다. 이렇게 간단한 것들이 만들어내는 놀이가 벌써 몇 천 년을 두고 이어 내려오고 있다니 그저 신기할 따름이다.

단, 흰 것만이거나 검은 것만으로는 바둑이 되지 않는다. 양쪽이 없으면 바둑을 둘 수 없다. 하지만 양쪽이 있다고 해서 곧장 바둑이 되는 것은 아니다. 반드시 쌍방이 서로 주고 받아야 한다.

그런데 우리는 바둑을 항상 어느 한쪽 편에서 밖에 보지 못한다. 자기 쪽에서만 말이다. 바둑판 위에서 상황을 자신에게 유리하게 끌고 가는 데만 골몰해 있느라, 상대방도 자신과 똑같은 식으로 집중하고 있다는 생각을 미처 하지 못한다. 그러니 아차 하는 순간에 판세가 뒤집히고 마는 것이다.

세상에는 이렇게 두 가지가 주고받지 않으면 안 되는 것들이 많다. 어느 한쪽만으로는 성립이 되지 않으며, 분리할 수도 없다. 물질과 정신이라든가 유와 무, 선과 악 같은 모든 것이 그렇다. 대립으로 나뉘기 전의 상태, 예를 들어 지금 내가 '무'의 이야기를 하고 있지만 그런 말을 하는 나의 존재는 '유'다. 나라고 하는 '유'는 '무'라는 존재에 자극받아 그런 말을 하고 있는 것이다. 이런 주고받음이란 바둑판 위에서의 흑과 백의 주고 받음과 크게 다르지 않다.

바둑이란 분명 승부를 가리는 일이고, 인간은 태생적으로 경쟁 본능을 가지고 있다. 그러나 무조건 상대를 쳐내고서 이기려는 승부 방식과 상대를 살게 하면서 이쪽도 살리려고 하는 방식에는 큰 차이가 있다. 상대를 살리면서 이쪽도 느긋하게 하다보면 어느 순간 나도 모르게 '승리가 눈앞에 와 있다'라는 경우가 있다. 바로 그 미묘한 부분이 조금씩 이해되기 시작했다.

상대를 잡는 데만 골몰하다 보면, 어느 순간 허를 찔려 어이없게 지고 만다. 그러나 상대를 살리면서 느긋하게 바둑을 즐기면, 나도 모르는 사이에 승기勝氣가 내편으로 돌아서 있는 경우를 몇 차례의 실전을 통해 경험했다. 물론 아직 고수의 경지까지는 갈 길이 멀긴 하지만. 경쟁하지 않는 편이 목적을 보다 원만히 달성할 수 있다는 말은 결코 거짓이 아니다.

아마, 젊은 사람들은 이런 이치를 이해하기 어려울지 모른다.

생명의 코드로 노자 읽기

그렇기에 우리가 이제부터 젊은 사람에게 해주어야 할 일은 이런 일이 아닐까. '남을 살리면서 나도 살 수 있는' 삶의 이치를 알려주는 일 말이다. 이것은 나이 든 어른들의 경험에서 우러나오는 지혜이며, 이를 젊은이에게 알려주는 일은 마땅히 어른이 감당해야 할 몫이라고 생각한다.

69

내가 맑아지면 자기라는
존재가 흥미로워진다

우리는 항상 의식意識 속에서 살아가고 있지만, 의식 저 아래의 무의식에는 사랑이라든가 생명력, 용기 같은 멋진 요소가 늘 잠재해 있다. 우리가 자기 안에서 그런 것들을 끌어낼 수만 있다면 삶은 아주 흥미롭고 풍성해질 것이다.

나는 팔십도 넘긴 나이인지라 이제 곧 귀가 안 들린다든지, 걸음이 부자유스러워지는 날이 올지 모른다. 그러나 아직까진 받아들이는 능력만큼은 조금도 떨어지지 않았다. 단, 자신이 좋아하는 것을 한다는 전제 하에서 말이다. 지금도 나는 영어 원서를 읽는 일이 재미있는데, 그건 내가 영어를 좋아하기 때문이다. 영어를 읽거나 영어로 이야기하고 있으면 기분이 맑아진다.

당신도 자신이 맑아질 수 있는 것을 찾아보기 바란다. 화초를 가꾸든, 애완동물을 키우든, 요리를 하든 무어라도 상관없다. 자신이 맑아져서 자기 마음의 미세한 움직임을 볼 수 있다면, 자기라는 존재가 한결 흥미로워질 것이다.

평소에는 무심했던 자기에게 주의를 돌려보면 진짜 자기, 소중한 자기가 눈에 들어오게 된다. 중요한 것은, 소중한 자기란 다른 사람이 소중히 여기는 부분이 아닌 바로 자기가 소중히 여기는 부분이다. 이 부분을 찾아내서 그 미세한 움직임을 읽을 수 있다면 당신의 삶은 얼마든지 자유롭게 바뀔 수 있다.

나의 것이면서 정작 내가 모르는 나의 마음, 나의 것이기에 소홀히 했던 내 마음을 잘 살펴보자. 그리고 내가 정말 무엇을 좋아하는지, 어떤 것을 하고 싶어 하는지를 헤아려 보자.

내 마음을 살피는 일은 내 마음과 대화하는 일이며, 내 마음과 소통하는 일이다. 이런 대화와 소통은 필시 닫혔던 마음에 싱그러운 자유의 바람을 불게 할 것이다.

70
우리는 얼마나
커다란 무의식 속에 있는가

우리의 심장은 한시도 쉬지 않고 움직이고 있지만, 그러나 우리의 의지로 움직이는 것이 아니다. 그럼, 무엇이 심장을 움직이게 하는가. 아마도 무의식이 움직인다고 해도 틀린 말은 아닐 것이다.

동공 확대나 혈관 수축을 의식적으로 할 수 있는 사람이 없듯이, 자율신경 기능의 대부분은 우리가 의식하지 못하는 상태, 즉 무의식 상태에서 이루어진다. 무의식은 감지할 수 없다고 하지만, 그러나 엄연히 존재하고 있다. 지금 이 순간에도 우리의 심장을 고동치게 하고 있지 않은가. 살아가는 데 가장 중요한 심장을.

이렇듯 우리가 얼마나 커다란 무의식 속에서 살고 있는지 정작 우리 자신은 모르고 있다. 그러면서도 무엇엔가 놀라거나 하면, '심장이 두근두근 거린다'고 말한다. 평소엔 심장 같은 건 생각

생명의 코드로 노자 읽기

도 안하고 살면서 말이다. 우리가 불현듯 심장을 의식하는 것은 위험을 느끼거나 평소와 다른 감정을 느낄 때, 심장이 두근거리며 빠르게 움직이기 때문이다. 그러나 심장은 위험을 느끼기 전부터, 위험이라는 것을 의식하기 훨씬 전부터 항상 그 자리에 있어왔다. 쉼없이 움직이면서. 이렇듯 의식이라는 것 이전부터 존재해온 심장은 '도의 에너지'와 통하고 있다는 것이 나의 생각이다. 나는 노자에게서 그렇게 배웠다. 우리는 모두 이름 없는 세계, 도의 세계에서 온 존재들이니까.

'위험을 느끼면 내 몸을 지킨다'는 의식의 본래 모습을 가르쳐 준 것은 공자다. 그렇게 가르치면서 국가나 사회 안에서 몸을 보전하기 위해서는 어떻게 해야 하는가를 인仁이나 예禮를 통해 전하려 했다.

그러나 공자와 달리 노자는, '심장이 두근거리기 전부터 심장은 쉬지 않고 움직이고 있었다'라고 말한다. 노자는 자각할 수 없는 것, 즉 무의식까지도 자각하는 것이다. 노자는, 무의식이라는 것이 엄연히 우리 안에 흐르고 있고, 그것도 아주 커다란 힘으로 존재하며, 사람이라면 누구나 똑같이 지니고 있다는 사실을 알려준다. 그리고 그것이 도의 에너지라는 점을 상기시켜 준다.

71

눈이 보임으로써
눈에 보이는 것밖에
보지 못하게 된다

장자는 노자 사상의 진수를 절묘한 은유를 섞은 우화寓話로 풀어내고 있는데, 다음 이야기도 그 가운데 하나다.

하늘이라는 신과 땅이라는 신, 그리고 중앙을 다스리는 혼돈이라는 신이 있었다. 어느 날, '하늘의 신'과 '땅의 신' 둘이서 덩치만 컸지 제대로 형체를 갖추지 못한 '혼돈의 신'에 관해 이야기를 했다.

"저 혼돈이라는 것은 구름처럼 두루뭉술한 게 뭐가 뭔지 모르겠는 걸. 너무 답답해 보이지 않아?"라고 한 신이 말하자, "눈을 뚫어주면 조금은 덜 답답하지 않을까."라고 다른 신이 대답했다.

의견의 일치를 본 두 신은 협력해서 혼돈의 신에게 눈을 만들어 주었다. 눈만으로는 부족하다 싶어서 이어서 귀를 열어주고, 다음엔 숨을 쉴 수 있게 코와 입도 열어주었다. 입이 생기니 들어온

　　　　　　　　　　　생명의 코드로 노자 읽기

것을 내보내야 하니까 이번에는 아래에 구멍을 내주었다. 그렇게 해서 일곱 개의 구멍을 뚫어주었더니 혼돈은 그만 죽어버리고 말았다.

어떠한가. 2,500년 전 고대 중국인들의 정신세계가. 얼마나 해학이 넘치는 은유를 구사하는지 이 이야기를 통해 알 수 있지 않은가. '혼돈은 그만 죽어버리고 말았다'라는 대목이 실로 많은 것을 생각하게 한다.

여기서 장자가 말하고자 한 것은 무엇이었을까. 우선 혼돈이라는 어마어마하게 큰 존재가 있는데 눈, 코, 입 따위는 없다. 거기서 하늘과 땅이 나왔다. 때문에 그 근저에 있는 것에 구멍을 뚫어버리면 그 자체는 죽어버린다. 혼돈이란 우리가 돌아가야 할 곳이지, 우리가 있는 곳으로 데리고 나와야 할 대상이 아니라는 우주의 이치를 말하고 있는 것이다.

인간이란 묘한 존재로, 눈이 보이면 눈에 보이는 것밖에 보지 못하게 된다. 귀가 들리면 들리는 것밖에 듣지 못하게 된다. 눈이나 귀를 가짐으로써, 눈으로 보지 못하는 것을 본다든가, 귀로 듣지 못하는 것을 듣는 일을 할 수 없게 되는 것이다. 또한, 입으로 표현할 수 있는 것 외에는 표현할 수 없게 된다.

이 이야기는 우리가 얼마나 제한적인 존재인가를 상기시켜 준다. 동시에 우리가 인식할 수 없는 모든 것까지를 포함한 '도의 에너지'가 얼마나 거대한 것인지를 가르쳐 주고 있다.

나는 노자나 장자를 읽을 때까지만 해도, 보이지 않는 부분이라든가, 들리지 않는 부분에 대한 인식이 전혀 없었다. 그러다 어느 순간, 보이지 않고 들리지 않는 부분이 엄청나게 큰 것이며 우리가 보고, 듣고, 알고 있는 부분이란 실로 미미하고 보잘 것 없는 영역이라는 사실을 깨닫게 되었다.

그런데, 그 보이지 않고 들리지 않는 부분에서 사물을 보기 시작하면 그때부터는 전혀 새로운 것에 대한 인식이 생기게 된다. 현상계를 벗어난 또다른 세상에 대한 눈이 열리게 되는 것이다. 노자는 바로 그러한 세상을 우리에게 보여주려는 것이다.

72
마음껏 충분히
살면 된다

얼마 전에 오쇼 라즈니쉬의 책을 읽었다. 그는 두려움에 대해서 이렇게 말했다.

'죽음이 두려운 것이 아니다. 생명이 두려운 것이다'라고. 읽는 순간 인상에 깊이 남았다. 무슨 말인가 하면 '자신의 생명을 충분히 살지 못한 사람은 죽음을 두려워한다. 그러나 자신의 생명을 충분히 살아온 사람은 죽음을 두려워하지 않는다'는 뜻이다. 참으로 숙연해지는 말이다. 근엄한 철학 따위는 필요 없다. 마음껏 충분히 살면 된다. 좋은 일을 하든 좋지 않은 일을 하든 아무래도 상관없다.

언제였던가, 11월경이었던 것 같다. 베란다에 있는데, 진한 갈색의 귀뚜라미 한 마리가 비척비척 기어가고 있었다. 아주 천천히 기어가고 있어서 어디로 가려나 하고 가만히 지켜보았다. 힘이 다 빠져 보이는 귀뚜라미는 베란다에서 툭 떨어져서는 마당가의 징 검돌 밑 구멍으로 들어가 버렸다. 스스로 마지막을 알고서 죽을 장 소를 찾아간 것 같았다. 기운이 다 쇠했으면서도 제가 들어가야 할 구멍은 알고 있었나 보다. 이상하게 들리겠지만 그때 나는, 벌레는 죽음을 두려워하지 않는구나 하는 생각을 했다.

우리도 '충분히 살았다'라는 자각 속에서 최후를 맞는다면 죽 는 일이 그렇게 두렵지 않으려나? 글쎄, 잘 모르겠다. 나는 아직 죽 음이 두려우니까. 한편으론, 이 나이까지 좋아하는 일을 해왔으니, 이것으로 충분하지 않을까 하는 생각도 없지 않다. 그렇더라도 아 직은 하고 싶은 일이 많다.

건방진 소리 같지만, 나는 나이 육십을 바라볼 즈음엔 사람 사 는 일에 대해 무언가 알 듯한 기분이 들었다. 일흔을 넘어가니 조 금은 알겠다는 느낌이 왔다. 그러다 여든이 지나자 입을 열어 말도 조금 할 수 있게 되었다. 그러나 아직은 말뿐인 경우가 대부분이 고, 실제 행동까지는 미치지 못하는 바가 크다. 그런 정도다.

이 책을 읽는 당신은 나보다 나이가 아래일 테니, 희망을 잃지 않기 바란다. 이제부터 시작해도 생명을 충분히 살 수 있는 시간은 얼마든지 있으니까, 천천히 느긋하게 해도 괜찮다.

생명의 코드로 노자 읽기

73
구별 없이
사랑을 나누는 것은
인간의 기본이다

다행스럽게도 모든 인간은 어머니한테서 태어나고, 그 외의 존재에서 태어나는 일은 없다. 그러니 세상의 어머니들은 한결같이 '자식 바보'일 수밖에 없다. 사실이 그렇지 않은가?

못된 자식이든 착한 자식이든, 모든 자식들은 똑같이 사랑으로 길러지는 게 아니겠는가. 그런 점은 여느 동물들도 마찬가지다. 참으로 바보 같은 맹목적인 사랑이다. 똑똑한 사람 편에서 본다면 말이다. 똑똑한 자들은 매사에 구별을 하고 있으니, 구별하지 않고 무조건적인 사랑을 베푸는 사람들은 다 바보 같다고 여긴다.

나는 형제가 자그마치 열세 명이나 있어서 잘 안다. 어머니의 사랑에는 차별이 없다는 것을. 어떤 자식에게나. 나 같이 제멋대로인 자식에게도 차별을 두지 않는다.

구별 없이 골고루 사랑을 나누는 것은 인간의 기본이다. 마치 식물이 대지 아래에서 물이나 양분을 서로 골고루 나누어 취하듯, 인간도 그렇게 사랑하는 일에는 구별을 두지 말아야 한다.

74

'내가 여기 있다'는 사실만은 누구도 부정할 수 없다

'의식이 예리해지는 것에 대해서'라는 주제로 강연을 한 적이 있다.

의식意識은 무엇인가. 의식은 알아차리는 것이다. 그렇다면 무엇을 알아차리는 것일까?

의식에는 자의식과 타의식이 있다. '저 사람은 좋은 사람 같다'라든지, '나는 저 사람이 싫어'라는 경우는 다른 어떤 것, 즉 타자他者에 대한 의식이므로 타의식이다. 그러면 타의식의 반대는 반드시 자의식일까? 그건 아니다. 예를 들어 보자. 미인 앞에서 긴장하는 경우는 자의식 과잉이라고 하는데, 실은 그 경우도 다른 사람을 상대로 느끼는 감정이므로 엄밀히 말해 그것 역시 타자에 대한 타의식이다. 이렇듯 우리가 의식이라고 부르는 것 가운데에는 다른 사람이나 물건에 대한 타의식일 경우가 대부분이다. 우리가 자의식이라고 알고 있던 것조차도.

그러면 인간에게는 타의식 뿐인가 하면, 그렇지는 않다. 자기 속의 자기를 향한 자의식이란 것도 있다. 자의식은 매우 모호하면서도 중요한 부분이다. 하지만 우리 의식의 80%, 아니 어쩌면 90%는 타자에 대한 타의식이 차지하고 있다.

자기에 관한 것을 에고ego라고 하는데, 우리말로는 자아自我라고 한다. 자아란, 다른 것의 반응에 의해 길러지는 것으로 타고난 것은 아니다. 아이 때부터 들어온 말들, '너는 착한 아이다', '나쁜 아이다', '잘하네', '못하네' 같은 경험이 쌓이면서 자아가 점차적으로 만들어진다. 즉, 다른 것에 의해 자신이 어떤 존재인가 하는 존재감이 심어지면서 차츰 자아가 형성되는 것이다.

그런데 자기라는 것은 자아 이전부터 있었다. 즉, '나'라는 것은 자아가 형성되기 이전부터 존재하고 있었다는 말이다. 철학적으로 딱딱하게 들릴지 모르겠으나, 그렇지 않다. 조금만 생각해보면 알 수 있다.

우리의 일상에서 다른 것에 대한 타의식, 그리고 자아라고 하는 의식까지도 걷어내보면 '나'라는 존재에 대한 의식, 자의식이 보인다. 즉 지금 살아있는 자기 자신에 대한 의식을 만날 수 있다.

내게는 마침 이 장의 제목과 똑같은 졸시拙詩가 한편 있다. 오두막에서 혼자 살고 있는 나 자신에 대한 이야기다.

여기에 혼자 있다

생명의 코드로 노자 읽기

그 자체가 기쁨이 아니다
여기에 있음으로써 지금 살아있다는 의식이 한층 예리해진다
그것이 기쁨이다
만약 누군가와 둘이 있는데 나만 기쁨을 느낀다면
그 예리함은 상대에게 상처를 줄 것이다
만약 세 사람이 있고 나 혼자만 느낀다면
나머지 두 사람은 심한 불안감을 느낄 것이다
때문에 여기 혼자 있다
동짓날, 멀리 도회를 떠나서

혼자 있으면 '지금 살아있다'고 하는 의식이 예리해진다는 내용의 시다. 지금 자기가 살아있다는 의식은 누구에게도 아무런 것도 요구하지 않는다. 또 누구도 두려워하지 않는다. 자기가 '단지 있다'라는 것뿐인 의식. 그리고 그 의식만큼은 가장 확실한 것이다. 왜냐하면 어떤 사람이 부정하든, 세상 모든 사람이 부정한다 해도 '지금 자기가 있다'라는 사실만은 결코 부정할 수 없기 때문이다.

예를 들어 '나는 대학교수였다'라고 큰소리를 쳐도, '그래서? 당신은 퇴직했잖아' 한다면 교수 자격 같은 건 단숨에 날아가 버릴지 모른다. 아니면, '나는 책을 열권이나 썼다'라고 해도 '뭐야, 그런 시원찮은 것도 책이라고 썼나?'라고 한다면, 나의 위상은 금방 물거품이 되어버릴 것이다. 그런 것들은 사람들이 부정하면 속절

없이 사라져버릴 것들이다.

그러나 '나는 지금 있다'라는 사실만큼은 누가 아무리 '너는 없다'고 해도 나는 엄연히 여기 '있다'는 것이다. 그러니 어느 누구도 나의 존재를 지워버릴 수가 없다. 이 의식만큼은 부정할 수 없는 것이다. 얼마나 멋진 일인가.

자기가 '지금 있다'는 사실을 스스로 인식할 때야말로 온전히 자기 자신을 느낄 수 있으며, 달리 아무 것도 구하지 않아도 된다. 자기 혼자 있어도 외롭거나 쓸쓸하지 않다. 혼자로도 충분하다.

생명의 코드로 노자 읽기

75
아무리 나이를 먹어도
어머니의 태내를 그리워한다

호주를 다녀온 기억 중에 특히 잊히지 않는 것이 있다. 호주에서는 시내에서도 맨발로 걸어 다니는 사람들을 종종 볼 수 있었다. 아주 반가웠다. 맨발은 정말 좋다. 물론 옷은 가벼운 차림에 맨발로 차도 타고, 차에서 내려서도 벗은 발 그대로 슈퍼마켓 같은 데를 드나든다. 문명생활을 견지하면서도 거추장스러운 것은 걷어내 버리는 자연 그대로의 일상이 호주에는 있었다.

슈퍼 옆에는 바닷물이 호수처럼 갇힌 석호가 있는데, 주변 경관이 빼어나고 물도 더할 수 없이 맑았다. 그곳에는 물고기도 자유로이 떠다니고 인간도 함께 헤엄을 친다. 나도 수영을 했다. 석호에 떠 있으니, 그 안에는 태양과 물과 나밖에 없었다. 내가 거기서 빠져 버린다 해도 누구 하나 알아채지 못할 것이다. 나는 완전 혼자였다. 이국의 자연 속에 나 홀로 있다는 자유로움은 그 어디서도 느껴보기 어려우리라.

한낮의 태양빛을 받아 반짝이는 물살이 부드럽게 넘실거렸다. 나는 문득, 어머니의 자궁 속에 있다면 이런 느낌이 아닐까 하는 생각이 들었다. 그런 생각으로 전신의 힘을 빼고 태아처럼 몸을 웅크리니 가라앉지 않고 그대로 떠 있었다. 물론 내게 어머니의 자궁 속 기억 같은게 있을 리는 만무하지만, 있다면 아마 그런 기분일 듯 싶었다.

아무래도 나는 미욱한 인간이다. 어머니의 사랑을 받은 기억이 별로 없으니 말이다. 딱히 어머니에 대해 서운하게 느끼는 건 아니다. 아무튼 열세 명 자식 중에 열 번째였으니, 어머니의 사랑이 골고루 미치기는 어려웠을 것이다. 그런 내가 자궁 속 기억 운운 하고 있는 것이다.

어쩌면 인간은 아무리 나이를 먹어도 무의식 속에서나마, 어머니의 태내 기억을 더듬고 있는 건 아닌지 모르겠다. 그러나 나는 내놓고 이런 말을 할 처지는 못 된다. 왜냐하면, 어머니에게 효도다운 효도를 해보지 못했기 때문이다. 하지만 어머니 뱃속에 있을 때의 아늑한 느낌은 기억 어딘가에 남아있어서 우리는 항상 그것을 그리워하는 것인지도 모르겠다.

생명의 코드로 노자 읽기

76
자기의 균형은
스스로 찾자

요즈음 우리에게 절실하게 요구되는 것 가운데 하나는 '균형'이 아닐까 생각한다. 마음과 몸의 균형, 머리와 감정의 균형, 물질사회와 정신세계의 균형, 어디든 해당된다. 당신이 만약 안정된 균형을 유지하고 있다면 여유와 평화, 넉넉함과 관대함 같은 것들이 보일 것이다. 그러나 만약 당신의 마음이 불안정한 상태라면 어둡고, 우울하고, 부정적이고, 비관적인 현상들만 눈에 들어올 것이다. 그럴 땐 자신의 어딘가에서 균형을 잃고 있다는 점을 상기하기 바란다. 인간은 내재된 균형감을 스스로 느낄 때라야 마음이 평화로워지고 안정될 수 있다.

그런데 자신의 균형이 어디에서 깨졌는가, 어떻게 어긋나 있는가 하는 것은 사람마다 다르다. 성별이나 취향, 연령에 따라 다르며 환경에 따라서도 차이가 난다. 따라서 자신의 균형은 자기 스스로 찾아야 한다. 남이 가르쳐줄 수도, 남에게 배울 수도 없다.

나는 사십대 초반에 불쑥 담배를 끊었다. 그때까지는 엄청 피워댔다. 원고를 쓸 때도 담배가 없으면 글이 써지질 않았다. 수업 중에도 한 시간이 멀다하고 휴식 시간을 가져야 할 정도였다. 그러다 어느 날 뚝 끊었다. 그때는 몸도 건강했고, 주위에서 담배를 끊으라고 말하는 사람도 없었다. 그냥 나의 직감이 '끊는 게 좋겠다'고 스스로 신호를 보내왔다. 바로 그거다. 직감을 따르면 할 수 있다. 의사의 권고나, 책 같은 걸 읽고서 끊으려 한다면 성공하기 어렵다. 머리로 판단해서는 실행하지 못하는 것이다. 하지만 직감이라면 가능하다.

그런데 직감이란, 세속적 가치에 얽매어 있거나, 지켜야 할 도리나 책임감으로 머리가 무거우면 제대로 작동하지 않는다. 자기 속에 순수한 무언가를 기르고 있어야 직감은 제대로 작동한다. 아이들은 직감 그 자체라 할 수 있지만 어른이 될수록 직감은 줄어든다. 가능한 한, 아이의 순수함을 되돌아보고, 직감과 판단력으로 자신의 어디가 불균형인가를 깨달을 수 있으면 의외로 삶은 즐거워질 수 있다.

생명의 코드로 노자 읽기

77
돈 꾸는 방법을
알려드릴까요?

'자족自足'이란 자기가 가진 것에 스스로 만족하는 일이지만, 그렇다고 궁색한 걸 즐기라는 말은 결코 아니다. 그렇게 비굴한 것이 아니다. 인간의 존엄과 자존의 마음을 지키기 위한 소중한 덕목이다. 자족이란 다른 것에서 얻으려 하지 않는 마음 상태기 때문에 상당한 자기 존중의 마음이라 할 수 있다. 인간의 가장 보기 좋은 모습은 다른 사람에게 요구하지 않는 당당함을 유지할 때라고 생각한다.

우리가 가장 초라해질 때는 누군가를 향해서 '저기, 좀 해줄래?' 하고 부탁할 때다. 하물며 돈을 빌리는 일이라면……. 나도 젊은 시절엔 돈 좀 빌려보았다. 돈을 빌릴 때는 절대로 머리를 숙여서는 안 된다. 그냥 간단히 '돈 좀 꿔주라.' 그러면 된다. 이쪽이 너무 당당하게 나오니까, 상대방은 오히려 빌려주지 않으면 자기가 좀스런 사람처럼 생각된다. 자신이 인색한 사람으로 비치지 않을까 내심 불안해지기까지 한다.

요컨대, '나는 너한테 돈을 빌려야 할 사람이다'라는 느낌만 전달하면 되는 것이다. 그걸 '저기……'라는 말로 운을 떼면서 부탁하거나, 궁색한 이유를 갖다 붙이면 상대방은 더 빌려주기 싫어진다. 젊어서 이런 요령을 터득한 나는 돈이 떨어지면 누군가에게 '야! 돈 좀 꾸자!' 하면서 되레 내 쪽에서 화난 얼굴을 해 보이곤 했다. 뭐, 벌써 6, 70년도 더 된 케케묵은 이야기지만. 물론 노자의 자족과 나의 돈 빌리기는 전혀 무관하다.

자족이란 결코 비굴한 상태가 아니다. 노자는 '남들 뒤에서 가라'고 한다. 이 말은 뒤에서 천천히 따라간다면 녹초가 되는 일은 없다, 자기 페이스대로 가다가 앞서 가던 일행이 지쳐서 나가떨어지면 당신은 자연히 앞에 설 수 있다는 말이다. 애초부터 겸양의 미덕과는 거리가 먼 이야기다. 나는 노자를 나 나름으로 그렇게 읽었다. 노자는 결코 자연의 위엄을 무시하지 않는다. 그것처럼 자연의 일부인 인간도 자신을 소중히 지켜가라는 커다란 자기 성찰의 가르침이라고 생각한다.

생명의 코드로 노자 읽기

78
감정에도
지성이 있다

인간의 뇌 가운데 오른쪽 뇌는 그다지 똑똑하지 않아서 언어를 기억하는 능력은 없다고 한다. 감정이라든가 맛이나 소리, 이미지처럼 느껴서 아는 감성적 능력은 오른쪽 뇌의 담당이고, 언어나 논리적 사고, 암기력 같은 이성적 능력은 왼쪽 뇌의 담당이다.

　인간은 이제까지 주로 왼쪽 뇌를 발달시켜 왔다. 그에 비해 인간의 몸은 지난 수천 년 이상을 거의 변하지 않았다. 아직도 신체 구조가 침팬지와 거의 비슷하다는 사실을 보면 알 수 있지 않은가. 손발이라든가 심장, 위장 등 육체적인 몸의 조건은 크게 달라지지 않았다. 그럼에도 왜 인간만이 이만큼 발전할 수 있었을까. 가장 큰 이유로 보통은 불의 발명을 말하기도 하지만, 그보다는 인간이 언어를 찾아냈기 때문이다.

어느 학자가 실험한 바에 의하면, 침팬지는 위쪽에 바나나가 있을 때, 인간이 막대기를 건네주면 그것으로 바나나를 두드려 떨어뜨릴 수는 있다고 한다. 말하자면 침팬지는 막대기를 이용할 수 있는 능력은 있는 셈이다. 하지만 막대기를 뒤쪽에 놓아두면 침팬지는 뒤돌아보고 막대기를 집는 일은 하지 않는다고 한다. 막대기를 주면 신이 나서 두들겨 댈 수는 있지만, 다른 곳에 놓아둔 막대기를 손 대신에 이용할 생각은 못한다는 것이다. 왜 그럴까? 침팬지와 인간은 어째서 그런 현격한 차이를 보이는 것일까? 그 이유는, 인간은 막대기의 존재를 언어를 통해서 알고 있기 때문에 막대기가 어디에 있는가를 인지하고 집어서 사용할 수 있다는 것이다.

따라서 인간의 발달은 언어라는 것이 인간 사이에 자리 잡기 시작하던 때부터 빠르게 진화했다고 볼 수 있다. 만약 언어가 없었다면 인간은 결코 여기까지 올 수 없었을 것이다.

하지만 언어가 없던 시대에도 인간은 그림은 그리고 있었다. 알타미라 동굴을 보면 알 수 있을 것이다. 거기에는 2, 3만년 전의 그림도 남아있다고 하지 않는가. 그것도 아주 훌륭한 동굴 그림이. 인간은 머나 먼 옛날부터 그만한 능력을 가지고 있었던 것이다. 하지만 언어가 없었더라면 그냥 그 수준에 머물러 있었을지 모른다. 언어라는 것이 생긴 이후로 발전에 발전을 거듭하다가, 오늘 날에는 핵이라는 달갑지 않은 물건까지 만들게 되었지만 말이다.

그렇게 인간은 좌뇌를 점진적으로 발달시켜 왔는데, 동양에서는 인간의 머리 외에 몸에도 관심이 많았다. 특히 신체 기운의 흐

생명의 코드로 노자 읽기

름과 관련해서 단전丹田에 대한 인식이 높았다. 이 단전은 머리의 상단전, 가슴이나 심장의 중단전, 배꼽 아래의 하단전, 이런 식으로 나뉜다.

도교에서는 하단전을 중요시하고, 유교에서는 상단전에 무게를 두었다. 그러나 민간에서는 오랫동안 중단전과 하단전이 중시되어 왔다.

'저 사람은 말은 그렇게 하지만, 뱃속에는 무슨 꿍꿍이가 있는지 모르겠다'라고 하지 않는가. 그건 배에도 무언가 궁리하는 힘이 있다고 생각했기 때문이 아닐까. 또, '머리로는 알겠는데, 가슴에서 받아들이지 않아'라는 경우도 있다. 그리고 보면 옛날 사람들은 마음에도 지성이 있다고 믿었던 건 아닌지 모르겠다. 이런 생각은 서양에서는 통하지 않는다. '뱃속이 검은 인간!' 이런 표현을 영어로 번역하려면 정말로 난감하기 짝이 없다.

우리는 감정에도 지성이 있다고 알고 있다. 아주 중요한 대목이다. '머리와 몸' 이 양쪽, 그리고 '전신경과 전감각' 이렇게 전체로서의 자신을 파악하는 것이 무엇보다 중요하다.

79
흥미거리를 발견하면
전혀 다른 것이
보이기 시작한다

만약 지금, 시험공부 같은 건 그만두고 자기가 좋아하는 것만 철저히 하라는 교육이 가능하다면, 아이들은 열배는 더 똑똑해지리라고 생각한다. 물론 그런 일이 생길 리 없겠지만, 이런 생각에 공감하는 사람들이 좀 더 많아도 괜찮지 않을까.

그런데 그 사람이 정말 무엇에 흥미가 있는가 하는 것은 어떤 심리 테스트나 검사로도 알아내기 어렵다. 다시 말하면, 그건 그 사람 본인조차도 알지 못한다는 뜻이다.

우리는 삶에 대해 많은 두려움을 안고 있고, 그 두려움을 피하는 일에만 신경을 쓰며 살고 있다. 때문에 모든 이해관계를 떠나서 진정 자신이 무엇에 흥미를 느끼는지, 어디에 끌리는지를 알아내기란 결코 쉽지 않다. 모두가 장래의 생활 안정이나 물질적인 풍요

만을 추구하고 있기 때문이다.

그러나 한번쯤은 그런 모든 것을 벗어던지고, 자신에게 진짜 흥미 있는 일이 무엇인지 찾아보자. 그것을 발견하게 되면 전혀 다른 세상이 보이기 시작할 것이다. 이처럼 각자가 자신의 흥미를 발견할 수 있는 교육이 가능하다면 참으로 멋진 일이 아니겠는가.

자기가 어디에 흥미를 느끼는지 모른다는 것은 그런 문제에서 자신을 닫아버리는 교육을 받아왔기 때문이다. 흥미가 있는 것, 좋아하는 것을 하려 하면, '성적이 떨어지니까 안 돼'라든가 '딴전을 피우다간 뒤처지고 말 거야'라면서 제지를 받아왔던 탓이리라.

그러나 자기가 좋아하는 것이 무엇인지, 어디에 흥미가 있는지를 아는 것은 자기 자신과 만나는 좋은 기회다. 지금은 보릿고개 운운하던 시절은 옛이야기가 됐을 정도로 우리 생활도 많이 안정이 되었다. 따라서 이제는 자신과 만날 기회도 충분히 가질 수 있다. 또한 그런 기회를 갖지 않으면 안 될 중요한 시기이기도 하다. 자기를 안다는 것은 자신이 무엇에 끌리는가를 아는 일이고, 동시에 자신을 이해하는 것만큼 자유로워지는 길이기도 하다.

80
단념한다는 것은
멋진 일

'단념하다'의 일본어는 '아키라메루'이다. 이 말을 어원적으로 살펴보면 '아키라카니분명하게+스루하다'에서 온 말로 원래 뜻은 '분명하게 하다'이다. 지금까지 보이지 않던 것을 '분명하게 한다'는 말에서, '단념하다'로 의미가 바뀐 것이다. 재미있지 않은가. 분명하게 하는 것이 단념하는 것이라니 말이다.

누군가 당신에게 몹쓸 짓을 했다고 하자. 그럴 때, 자기가 몹쓸 짓을 당한 것만 생각하지 말고, 몹쓸 짓을 한 사람의 마음이나 동기를 헤아려보자. 그러면 '아, 그런 연유로 그처럼 못된 짓을 했구나, 어쩔 수 없지'라든가 혹은 '그 자는 그런 짓을 할 수준밖에 안 되는 사람이니, 관두자'라고 상황을 분명히 하게 된다. 그렇게 상황을 이해하고 정리하면 단념하게 되는 것이다.

생명의 코드로 노자 읽기

단념하지 않으면, '나쁜 놈, 괘씸한 놈. 나는 아무 잘못도 없는데'를 되풀이하게 된다. '상대를 괘씸한 놈이다'라고 말하는 것은 '나는 괜찮은 놈이다'라는 전제로 말하는 것과 다르지 않다. 무언가를 말할 때는 항상 그 반대쪽에 자기라는 존재가 있기 마련이다. 때문에 '저 자는 괘씸한 놈이다'라고 할 때는, 상대 쪽에서 보면 나 자신도 그런 괘씸한 놈이 돼있을지 모를 일이다.

몹쓸 짓을 한 상대의 본성이 분명해지면, 단념할 수가 있다. 그리고 그 상황을 받아들일 수 있게 되는 것이다. 그럼 당신도 '괘씸한 놈'에서 빠져나올 수 있다. 그러니 단념한다는 것이 어찌 근사한 일이 아니겠는가.

81
바보 기계에
'굿바이'를

'도'의 세상에는 사회적 구별이란 없다. 그것은 철학을 넘어서는 철학이라고 할 수 있다. 서양철학에서는 모든 것을 구별한다. 인간의 논리적 세계는 구별할 수 없는 것은 받아들이지 못하는 수준에 머물러 있다.

언제부터인가 우리는 모든 것을 '구별하고', '나눠서' 생각하게 되었다. 그렇게 하지 않고는 사물을 제대로 파악하지 못하기 때문이다. 그 정도의 머리밖에 되지 않으므로. 그런데 '나눈다'고 하면 컴퓨터만한 것도 없을 것이다. 앞으로 점점 우리의 디지털적 사고의 많은 부분은 컴퓨터가 감당하게 될 것이다. 그러니까 우리는 그런 '나누고, 쪼개고, 분석하는' 시시한 일은 컴퓨터라는 바보에게 맡기자.

그렇다, 컴퓨터를 똑똑하다고 생각한다면 큰 오산이다. 나는 컴퓨터를 바보라고 생각한다. 여하튼 우리는 컴퓨터가 감당하지 못하는 감정이나, 영적인 부분으로 직접 전해오는 영혼의 울림이나 혹은 육체적인 기쁨 속에 우리 자신을 풀어놓자. 그래야 할 것이며, 그런 시대가 곧 도래할 것이다.

지금보다 기계의 능력이 훨씬 더 확장된다면 그때는 어쩔 것인가. 영원히 기계의 부림을 당할 것인가, 아니면 기계가 가능한 부분은 기계에 맡기고 우리는 자신의 생명력을 강화하며 정신이나 감각을 즐길 것인가. 그러한 선택의 갈림길에 서는 날이 머지않아 현실로 다가올 것이다. 그 무렵이면 아마도 나는 이 세상에 없겠지만, 그때 나의 말을 떠올려보면 어떻겠는가. 그러면 어쩌면 바보 기계에 '굿바이'라고 말할 수 있지 않을까.

지금 나는 자동차도 텔레비전도 컴퓨터도 가지고 있지 않다. 달랑 팩스 하나뿐이다. 팩스는 내가 하지 못하는 일을 대신 해주니 아주 편리하다. 편리한 것만 사용하면 된다는 생각이다. 아무런 자각 없이 기계에 의존하는 일은 우리 스스로를 기계에 예속된 존재로 만드는 일은 아닐지, 다시 한 번 생각해 보자.

82
산은 골짜기가
지탱해주고 있어서 산이다

나는 이나 계곡에 들어온 지 십년이 지나서야 겨우 골짜기의 의미를 알게 되었다. 나는 그저 눈앞에 보이는 산만을 바라볼 줄 알았다. 그러나 산은, 골짜기라는 낮은 부분이 지탱해주고 있어서 산이라는 사실을 한참 후에야 깨달았다.

골짜기는 산의 구석구석에서 흘러내리는 물을 받아 땅에서도 가장 낮은 곳으로 흐른다. 어떤 것에도 방해받지 않으며 자유롭게 흘러 곳곳으로 스며든다. 그 물은 모든 생명을 살리고 길러냄으로써 산의 마음을 이어받는다. 이 같은 생각이 어느 날 문득 떠올랐다. 계곡에 들어와 산 지 십년이나 지나서 뜻밖의 깨달음을 얻은 것이다.

나는 그때의 느낌을 짤막한 시로 표현한 적이 있다.

생명의 코드로 노자 읽기

산은 조용히 솟아올라 하늘의 뜻을 맞이하고
물은 아래로 흐르며 대지의 생명을 키우네
골짜기는 이 둘의 역동적인 움직임을
말없이 받아들이는 커다란 그릇

이 시의 바탕이 된 생각은 노자다. 『도덕경』 제28장에는 골짜기의 심오한 의미가 잘 나타나 있다.

지기웅 수기자 위천하계 知其雄 守其雌 爲天下谿

나는 처음에 이 구절의 의미를 제대로 파악하지 못했다. 말하자면 '그 웅雄을 알고 그 자雌를 지키면 하늘 아래 곡谷이 되느니'라는 것인데, 직역하면 '남자를 알고, 여자를 지키면 하늘 아래 골짜기가 된다'라는 말이다. 초기 번역에서는 도통 이해가 되질 않아서 갈팡질팡했다.

그런데, 이나 계곡에 들어와 살면서 차츰 그 말의 가닥이 잡히기 시작했다. 남자란 산이고, 여자는 골짜기와 냇물일 것이다. 또 다른 의미로는, 남자란 밖으로 돌며 무언가를 쫓아다니는 적극적인 마음을 상징하는 것이고, 여자란 내면을 향해 있는 내향성의 수동적 마음을 상징하는 것이다. 마음이 밖으로 향한다는 것은 욕망의 추구, 적극적인 행동, 대상에 대한 집착, 자만심, 자기과시 등으로 마음이 외부 대상으로 향하는 성향을 말한다. 그에 비해, 외부를 향해 움직이는 마음을 알아차리는 것은 마음의 고요한 내면이다. 마음에는 외면과 내면이 있는데, 외면은 대상을 향해서 끊임없이 움직이지만, 내면은 그저 고요히 지켜볼 따름이다. 따라서 '여자를 지킨다'는 말은 '마음의 내면에 머물러 있다'는 뜻일 터이다.

나는 이 구절을 아니무스와 아니마라는 단어를 사용해서 번역했다. 아니무스와 아니마란 심리학자 융의 '남자 속에는 여성성이 있으며, 여자 속에는 남성성이 있다'는 학설에서 나온 용어다. 융은 인간의 내면에는 강하고 폭력적인 성향과 부드럽고 따뜻한 성향, 이 양쪽이 함께 있다고 말한다. 대단한 발견이다. 이로써 인간심리에 대해서나 인간의 역사에 대한 이해가 한단계 진전하게 되었다고도 한다.

인간은 2,000년이 넘도록 남성 중심의 사회를 유지해 왔다. 하지만 남자들이 한 일이란 대부분 부패 정치와 권력 투쟁, 전쟁과 경제침탈 같은 참혹한 역사의 변천사를 기록한 것이었다. 20세기에는 세계 전쟁을 두 차례나 일으켜 수많은 사람과 인류 문화와 문명을 잿더미로 만들어버렸다. 그리고 이제야 자신들의 어리석음에 대해 조금씩 깨닫기 시작했다.

그 가운데서도 2차 세계대전 때 저지른 일본의 어리석음이란 참으로 지독했다. 나 자신도 전쟁터로 끌려간 장본인이라 그 참상을 잘 알고 있다. 일본 사람들이 얼마나 호된 일을 겪었는지를. 20대부터 40대까지 한창 때인 젊은 남자들을 비롯해서 모두 삼백만 명이라는 사람들이 죽어나갔다. 요즈음은 다섯 명만 죽어도 나라가 시끌시끌한 판인데 삼백만 명이라니. 죽은 그들을 생각하면 나는 찌꺼기, 잉여 인간인 셈이다.

노자의 이야기로 다시 돌아가자. '하늘 아래 골짜기가 된다'라는 대목으로. 이 부분은, 모름지기 인간은 골짜기가 그러하듯 강한 것이나 부드러운 것, 양쪽 모두를 받아들일 수 있는 존재다. 그러니 당신 안에 있는 '부드럽고 연약한 모성성과 단단하고 강한 부성성, 그 양면을 잘 살펴서 지켜가라'는 뜻이다. 또한 '당신은 선도 악도, 기쁨도 슬픔도 모두 받아들일 만큼 큰 존재가 되어라'라는 뜻이기도 하다. 골짜기란 바로 그런 것이다.

처음의 갈팡질팡하던 생각에서 벗어나 이런 방향으로 가닥을 잡았다. 과히 틀리지 않은 해석이라고 생각한다.

83

때로는 천연덕스럽게
비상식적인 일을 해보자

언젠가 강연을 앞두고, 그 사흘 전까지 개인전을 위한 그림에 몰두해 있었다. 퍼뜩 정신을 차려 보니 강연이 코앞인지라, 서둘러 준비에 매달리려고 했지만 딱하게도 마음이 좀처럼 강연 쪽으로 움직여주지 않았다. 잘 알려진 대로, 왼쪽 뇌는 논리적 사고를 하거나 언어를 사용하는 이성적인 일과 관련이 있고, 오른쪽 뇌는 그림을 그리거나 음악을 하는 등 직관이나 예술적인 일과 관련이 깊다. 나는 그림을 그리느라 줄곧 오른쪽 뇌만 사용하고 있던 터라 왼쪽 뇌로의 전환이 쉽지 않았던 모양이다.

강연 전날 밤, 모임을 주최한 사람들과 저녁을 먹는 자리에서 나는 무심코 푸념을 늘어놓았다.

"내일은 아무래도 말이 술술 나올 것 같지 않은데……."

생명의 코드로 노자 읽기

그러면서 변명처럼 오른쪽 뇌와 왼쪽 뇌 이야기를 꺼냈다. 그러자 참석자 중 누군가가 이렇게 말했다.

"그럼 그냥 가만히 서 계셔보세요."

이 엉뚱한 말에 좌중은 생각 없이 웃고 말았다. 그 말을 한 사람은 여성이었다. 여성 중에는 가끔 이런 엉뚱한 말을 해서 사람을 실소케 하는 경우가 있는데, 그런 대담하고 비상식적인 발상이 엉뚱하게 들어맞기도 한다. 여성은 상식을 깨는 일에 남성보다 유연하기 때문이다.

나도 그날 밤은 '그런다고 되겠나' 하는 정도로 가볍게 이야기를 흘려버렸는데, 이튿날이 되자 슬그머니 '그럼, 한 번 해볼까?' 하는 쪽으로 마음이 기울었다.

강연장으로 가서는 나의 근황과 앞서의 여성 이야기를 들려주며, 그 비상식적인 퍼포먼스를 한번 해보고 싶은 호기심이 일었다.

"자, 이제부터 2분간 가만히 서 있겠습니다. 여러분도 그렇게 해 보시겠습니까?"

나는 아무 말 없이 가만히 선 채로, 청중은 조용히 앉은 채로 그렇게 2분의 시간이 흘렀다.

"감사합니다!"

내가 침묵을 깨자 참석자들은 즐거운 듯 왁자하게 웃었다.

이 간단한 에피소드는 우리의 일상 속에서도 여차하는 순간엔 이런 노자적인 한때를 가질 수 있다는 하나의 예다. '노자적'이란 고정관념에서 벗어나는 사고를 말한다. 상식이 지배하는 현실에서 비상식적인 사고를 하는 것이 바로 노자이므로. 억지로 아등바등 하기보다 잠시 엉킨 실타래가 풀리기를 기다리는 것이다.

그렇게 10분만 더 잠자코 있었다면 진짜 노자가 됐을지 모르지만 내겐 무리였다. 도저히 더는 가만히 서 있을 수가 없었던 것이다. 아닌 게 아니라 그런 엉뚱한 퍼포먼스가 기분을 일신하는 데는 효과가 있어서 나는 여느 때의 강연 분위기로 돌아가 순조롭게 이야기를 풀어나갈 수 있었다.

마음이 잡다한 생각으로 어지러울 때, 무언가를 반드시 결정해야 하는 곤궁한 처지에 몰릴 때, 스스로를 너무 다그치지 말자. 그런 때는 오히려 마음을 무장 해제하고, 일상에서 비일상으로 의식의 스위치를 전환하자. 그리고 잠시 숨을 돌리자. 이 잠깐의 일탈만으로도 마음은 가벼운 해방감을 느끼게 될 것이다.

84

동양 사상을 말하는
세 개의 서양 용어

서양에서 동양 사상에 대한 관심이 높아지다 보니, 그와 관련된 서양식 용어가 많이 확산되고 있다. 개중에는 우리말보다 서양의 용어가 오히려 개념의 본래 의미를 더 잘 살리고 있는 말이 있다. 예를 들면 '엔라이트먼트Enlightenment'와 '어웨어니스Awareness' 그리고 '마인드풀니스mindfulness' 같은 단어들이다. 엔라이트먼트는 번역하면 '깨달음'이라 할 수 있고, 어웨어니스는 '자각, 인식', 마인드풀니스는 '배려, 마음 씀' 정도일 것이다. 아무튼 딱 들어맞는 말을 찾기가 쉽지는 않다.

왜 영어로 썼는가 하면, 우리말로 '마음을 쓴다'거나 '배려'라고 할 경우는, 흔히 '남에 대해서 신경을 쓰는 것'이라는 뜻으로 생각하기 쉽다. '저 사람은 나에 대해 어떻게 생각할까'라든가, '답례를 하지 않으면 안 되는데……' 하면서 남에게 마음을 쓰는 경우를 말한다. 그러나 마인드풀니스는 의미가 좀 다르다.

마인드풀니스란 어떤 상황에 있어서, '내가 지금 무엇을 하고 있는가 하는, 있는 그대로의 자신을 인식하고 느끼는 것'을 말한다. 무의식적으로 하는 것이 아니고, '지금, 나는 이것을 하고 있다'라는 인식 하에 행동하는 것을 말한다. 예를 들어, 밥을 먹을 때는 밥 먹는 데만 집중하여 음식이 씹히는 감각을 느끼고, 맛을 음미하며, 식도를 통해 들어가는 감각과 뱃속에서의 포만감 등을 있는 그대로 느끼면서 집중하는 것이다. 이런 상태를 '일상에 깨어 있다'라고 하는데, 즉 내가 지금 무엇을 하고 있는가를 고스란히 느끼는 것을 말한다. 이런 식의 집중이 가능해지면, 현재에 집중할 수 있게 되는 것이다. 그것이 마인드풀니스의 뜻이다.

우리는 현재에 살지만 늘 과거의 잘못 때문에 괴로워하고, 미래에 대한 걱정으로 시간을 허비한다. 그러다 보면 현재는 과거와 미래의 생각에 자리를 내주고 지금 현재의 삶은 어디론가 사라지고 없다. 자연히 마음은 좌표를 잃고 헤매게 된다. 그런 사람은 현재를 사는 것이 아니라 미래의 걱정과 과거의 회한 속에서 사는 셈이다. 그러나 중요한 것은 현재에 집중하여 지금의 삶을 사는 일이다. 따라서 일상의 전부는 아니더라도 절반 정도, 아니 삼분의 일 정도라도 마인드풀니스로 살아간다면 당신에게는 아주 색다른 일상이 펼쳐질 것이다.

어웨어니스는 마인드풀니스보다 훨씬 중요하다. 예를 들어 내가 어떤 자리에 강연 차 갔다고 하자. 거기에 참석한 나와 청중 사이에는 특별한 무언가로 연결돼 있다는 사실을 인식하는 것이다. 청중은 다분히 연사에게 어떤 흥미가 있어서 와있는 것이고, 그런 청중을 향해 나는 강연한다. 그것은 우리의 생각을 초월한 무언가가 작용해서, 개개인이 강연에 참석한 이유보다 훨씬 위에 있는 무언가와 연결되어 한 자리에 모인 것이라는 사실. 그것을 '자각'하는 것이 어웨어니스다.

그러한 어웨어니스 상태에서 청중과 내가 지금 한 공간에 연결돼 있다고 하는, 소중한 그 순간에 대한 고마움이랄까…… 그런 의식이 생기는 것이다. '이상한 할아버지가 이상한 소리를 하고 있네' 하고 못마땅하게 생각해도 괜찮다. 나는 그렇게 생각하는 사람조차 연이 닿아서 이 책을 읽고 있다는 것에 대한 어웨어니스가 있으며, 그것을 받아들일 용의가 충분히 있으니까.

그런 어웨어니스, 즉 자각이 자기를 넘어선 무언가를 향해서 한순간에 번쩍하고 불꽃을 터트릴 때, 그것이 바로 엔라이트먼트다. '깨달음'이라고 옮길 수 있는데, 느낌은 영어 표현 쪽이 더 적절하다. 엔라이트먼트란 번쩍하고 빛이 난다는 말로, 캄캄하던 곳에 순간적으로 빛이 닿으면서 지금까지 보이지 않던 것이 또렷하게 보이게 된다는 뜻이기 때문이다.

이들 세 단어뿐만 아니라, 중국이나 인도에서 발원된 정신이나 사상들이 서양에 의해 그 본래의 의미가 재해석되는 재미있는 시대에 와 있다. 전통의 때와 먼지를 뒤집어 쓴 언어들이 서양의 강력한 힘을 가진 최신형 세탁기로 묵은 때를 씻어내고 의미를 선명하게 하고 있는 것이다. 이렇게 한 번쯤은 먼지투성이가 돼버린 개념들을 재정비하는 일도 나쁘지 않다고 생각한다. 그렇지 않으면, 우리 정신의 기반을 이루는 언어들이 뿌옇게 먼지를 뒤집어 쓴 채, 그 참의미가 제대로 보이지 않게 될지도 모른다.

앞으로 부디 엔라이트먼트, 어웨어니스, 마인드풀니스의 세 단어를 기억해주기 바란다. 지금 이 마음은 마인드풀니스인가, 이것이 '어웨어니스 상태로구나'라고 의식하는 순간이 반드시 있을 것이다. 단, 그것은 한 번에 오래 지속되지는 않는다. 섬광처럼 번쩍하고는 사라질지 모른다. 수행이 두터운 고승이라도 영속적으로 깨달음의 상태에 있는 건 아니라고 한다. 깨달았다가 사라지고, 다시 깨닫고 다시 사라지고를 되풀이하는 것이다. 그러한 되풀이가 반복되면서 어웨어니스의 순간이 점차 많아지고, 마인드풀니스의 시간도 점점 길어질 것이다.

당신에게도 언젠가는 그러한 순간이 찾아올 것이다. 반드시 그렇게 되리라고 믿는다. 도의 길은 그렇게 멀리 있지 않으니까.

생명의 코드로 노자 읽기

85
모든 것은 변한다

모든 것은 변한다. 이 말은 동양인에게는 익숙한 생각으로, 우리들 대부분은 이를 자연스럽게 받아들인다.

아일랜드의 문인 스위프트Jonathan Swift(1667~1745)는 이렇게 말했다. '모든 것은 변한다는 그 사실만은 변하지 않는다'라고. 서양 사람들은 이런 식으로 정의 내리기를 좋아한다. 그런데 '모든 것은 변한다고 하는 그 사실만은 변하지 않는다'라고 했으니, '모든 것은 변한다고 하는 그 사실만은 변하지 않는다고 하는 그 사실도 실은 변하는 게 아닐까'라는 식으로 돌고 도는 건 아닌지 모르겠다. 논리로 따지고 들면, 말이란 이렇게 막다른 곳에 부딪칠 수 있다.

따라서 이 이야기도 결론 같은 건 없다. 일단, 모든 것이 변해가는 세상에서, 그런 세상을 살아가고 있는 자기……. 하지만 정말로

'나' 자신이 살아있다는 느낌만은 변하지 않는다는 사실을 전하고 싶다.

지금 살아있는 자기 존재에 대한 확실함만은 변함없이 자기 안에 있다. 그 느낌을 자신의 의식 속에서 제대로 인식할 수 있을지 어떨지. 사는 동안 그 의식을 놓치지 않고 살아가길 바랄 뿐이다.

생명의 코드로 노자 읽기

86
자신의 선택과
자연적인 일

이번에 나는 『마음이여, 이리로 오지 않으려는가』라는 제목의 시화집을 냈다.

그런데 이 책의 그림은 모두 사실적인 묘사가 아니다. 손 가는 대로, 느낌이 떠오르는 대로 자유롭게 그린 그림이다. 어떤 목적이나 의도를 가지고 그린 그림은 하나도 없다. 구도에 대한 연구는 물론, 밑그림도 없이 마음이 가는 대로 그리다가 완성된 것이다. 즉, 모든 그림이 해프닝으로 만들어졌다는 이야기다. 그러다보니, '좀 더 일찍 손을 놓았더라면 좋았을 텐데' 할 정도로 지나치게 손을 많이 댄 것 투성이다.

지난 번 개인전에 출품한 그림에는 '일어나는 일은 무엇이든 우리의 높은 곳에서 온다' 그리고 '태어나는 것은 무엇이든 우리의 깊은 곳에서 온다'라는 두 글귀를 적어 넣었다. 여기에서의 높은 곳과 깊은 곳이란 우리의 의도나 생각, 목적 같은 것을 뛰어넘은 아득히 저 먼 곳이라는 의미다. 그런 곳에 있는 어떤 커다란 힘, 그 무언가로 부터 오는 것이 해프닝인 것이다. 나 같은 '늦깎이'는 일흔 다섯 살이 되어서야 겨우 이런 사실을 깨달았다. 나는 실로 늦되는 인간인 모양이다.

나의 오두막에 만청관晚晴館이라는 옥호를 붙여두었다. 만청이란 해질녘에 맑아진다는 뜻으로, 늦된다는 의미다. 이 말은 대기만성의 '만성晚成'과는 다르다. '만성'이란 늦게 이룬다는 말로, 여기서 '이룬다'의 의미는 목적을 향한 자신의 선택에서 일어나는 결과다. 그런데 자신의 선택, 자신의 생각에서 일어나는 결과란 그다지 대단한 게 못 된다는 것이 내 개인적인 생각이다.

날씨가 개거나 맑아지는 건 자신이 맑게 하는 것이 아니고, 자연이 맑게 하는 것이다. 자신이 맑게 하는 것보다 자연의 움직임에 의해 맑아지거나 갠다는 사실이 얼마나 가슴 설레는 일인지……. 요즘 들어 새삼 느끼는 감정이다.

87
에고를 만족시키기는 일과
에고를 넘어서는 일

모처럼 동양화와 서양화에 대한 이야기를 조금 해보겠다. 서양화는 몇 번이고 데생을 하고, 색을 칠하고, 마음에 들지 않으면 또다시 칠하고 하면서 겹겹이 색을 입혀나간다. 자신의 의지를 마지막까지 관철시키면서 최선의 작품으로 완성해가는 예술 세계인 것이다. 때문에 유화는 상당한 의지와 인내심, 그리고 체력이 필요한 예술이다.

그에 비해 동양의 회화, 특히 수묵화는 고도의 집중된 정신력으로 완성하는 예술 세계다. 붓놀림 하나하나가 작품의 성패와 직결된다. 선 하나를 더하느냐 빼느냐, 붓놀림 하나를 제대로 하느냐 못하느냐에 따라 작품 자체를 버리는 일이 허다하다. 따라서 그 압박감은 상당하다.

동양 사람은 아주 오래 전부터, 그런 긴장된 정신세계에서 예술을 일궈왔다. 정말로 멋진 수묵화란 종이와 물과 먹과 붓이라는 대단히 미묘하고 섬세한 도구로 산이나 강, 바다를 생생하게 표현하는 일이다.

나도 수묵화나 글씨를 써보았지만, 그런 최고의 경지는 어림도 없는 일이다. 하지만 어떤 의미에선 고수나 초보자나 작업의 성격은 같다고 할 수도 있다. 그렇게 말하는 이유는, 맨 처음 썼던 것이 대개는 제일 낫다는 점에서다. 처음에는 애벌로 쓸 요량으로 스윽 한번 그려본다. 그러고 나서 이제는 정식이라는 생각으로 마음과 정신을 집중해서 최선을 다해 그린다. 하지만, 하면 할 수록 점점 수준이 떨어지는 게 눈에 보인다. 나중에는 화가 나서 붓을 던져 버리기도 하지만. 자포자기할 때 쯤, 처음 애벌로 그린 것을 보면 '이게 그중 낫네'라는 느낌을 지울 수 없다.

결국, 자신의 깊은 곳에서 솟아오르는 첫 번째 감정이 가장 에너지가 가득하다는 말이다. 그래서 늘 처음의 감정을 소중히 하려고 하는데, 지극히 단순해 보이는 이 원칙이 잘 지켜지지 않는다.

목적에 집착하는 것은 에고다. 그렇게 에고로 한 일과 에고를 버리고 혹은 에고를 넘어서서 한 일에는 큰 차이가 있다. 자신의 마음속 에너지는 에고가 없을 때 가장 잘 나온다. 그리고 우수한 예술로 표현된다.

우리는 무언가 목적을 달성했을 때 만족감을 얻는다. 그러나 목적이라는 것을 버리고 어떤 것을 이뤘을 때는 보다 큰 행복감을 맛보게 된다. 나는 그런 순간의 행복감에 대해서 말하고 싶은 것이다.

우리는 생명을 부여받아서 살고 있는데, 본래부터 우리에게 주어진 기쁨을 맛보지 못한다면 너무 아깝지 않은가. 종종걸음 치며 사는 일상의 분망함 속에서 자기 자신을 잃어버린 채, 자기가 무엇을 낙으로 삼고 사는지, 자기라고 하는 것은 어떤 존재인지도 살피지 못하고 산다면 너무 안타까운 일이 아니겠는가. 기쁨을 부여받은 존재로서의 자기 자신에게 미안한 기분이 들지 않겠는가.

예술이 전부라고 말하는 것이 아니다. 예술지상주의 흉내를 내려는 것은 더더욱 아니다. 나는 초보 중에 초보니까. 하지만 우리가 유한한 존재로서, 살고 죽는 문제와 상관없이 세월을 이기고 전해지는 음악이라든가 그림, 시 등의 세계가 있다는 사실을 조금이라도 알아두었으면 하는 바람이 크다.

88

목소리를 통해
나 자신의 무언가를
전해 보자

꽤 지긋한 나이임에도 아직도 토크 쇼다, 강연회다 해서 불려 다니는 일이 심심찮게 있다. 나로서는 반갑고 즐거운 일이다.

　다행히 나는 대화할 때 상대의 얼굴을 보면서 이야기하는 것을 좋아한다. 요즈음 사람들은 전화 외에도 스마트폰이나 SNS 같은 다양한 통신 수단을 이용해서 의사를 전달한다. 하지만 나는 그런 문명의 이기를 이용한 디지털적인 소통방식에는 서툴기도 하거니와 좋아하지도 않는다. 통신 수단을 이용한 대화는 실제 얼굴을 마주하고 나누는 대화의 친밀함을 대체하기에는 부족하다. 그래서 나는 이 나이에도 아직 소수의 인원이 모인 조촐한 모임 같은 데서 이야기 하기를 즐긴다. 요즈음은 '토크 쇼'라고 하는데, 그런 강연회 비슷한 대화의 장에서 나누는 이야기는 지식의 전달이나 전하

　　　　　　　　　　　　　　　생명의 코드로 노자 읽기

려는 메시지 외에도 목소리를 통해 나 자신의 무엇인가가 상대방에게 전달되는 느낌을 받는다.

목소리, 다시 말해서 호흡과 함께 전해지는 이야기는 기계로 전달되는 이야기와는 무언가 다른 느낌이 있다. 그렇지 않고서야 사람들이 일부러 찾아올 리가 있겠는가. CD나 테이프로 들으면 그만 일 것을. 하지만 이야기를 듣고자 하는 사람들이 있고, 그들이 찾아오기에 나도 그 자리에 나간다.

사람과 사람이 같은 공간에 존재한다는 것은 특별한 일이다. 나도 특별한 존재로 그 자리에 있는 것이고, 참석한 이들도 한 사람 한 사람이 특별한 존재로서 참여하고 있다. 특별한 존재와 특별한 존재가 어떤 알 수 없는 인연으로 한 자리에 모이는 것, 그 자체가 커다란 경이驚異요 불가사의라 하지 않을 수 없다.

그렇게 귀한 자리이므로 서로의 얼굴을 마주하고 시선을 교환하고 나아가서는 호흡도 서로 나눈다. 그런 소통이 있어야 진정한 '토크'를 한다는 기분이 든다. 듣는 사람들 사이에 흐르는 분위기를 감지하며 나 자신도 그 흐름에 맞춰서 이야기를 진행하는 것이다. 요즘 대세인 문자나 SNS는 아무리 빈번하게 주고 받는다 해도, 얼굴 표정이나 목소리로 감정을 주고 받으면서 대화할 때의 실감은 가질 수 없다.

대화에서는 오고 가는 이야기의 내용 못지않게 중요한 것이 표정, 시선, 몸짓, 자세 같은 비언어적 요소라고 하지 않는가. 미국의 어느 심리학자에 따르면, 상대방의 이미지를 형성하는 주요 요인으로는 이야기의 내용인 언어에 의한 것은 불과 7%에 불과하다고 한다. 오히려 음색, 목소리, 어조 같은 청각적 요인이 38%, 시선, 표정, 몸짓, 자세 같은 시각적 요인이 55%를 차지한단다. 놀랍지 않은가. 결국 우리가 상대에게서 받는 인상에서는 문자 같은 언어적 요소보다, 보고 듣고 느끼는 비언어적 요소의 비중이 훨씬 더 크다는 이야기다. 그러니 사람을 만나 직접 얼굴을 마주하고 대화한다는 것이 얼마나 소중한 일인가를 새삼 확인하게 된다.

모임에 나가 다양한 사람들과 이런저런 이야기를 나눈다든지, 참석한 이들과 새로운 인연을 쌓아가는 일 자체가 내게는 무척이나 신비한 경험이다. 우리가 어떤 모임에 나가든 '지금 여기 함께 있다'는 사실 그 자체가 경이로운 일이므로, 참석한 사람은 모두가 함께 불가사의를 체험하는 셈이 된다. 그리고 그 불가사의를 자각하는 속에서 기쁨을 느낄 수 있다.

이처럼 만남을 통해 쌓아가는 인연이야말로 소중한 것이기에 나는 항상 그 점을 기억하며 내 목소리를 전달하고 있다.

89

머리가 비어보이는 사람을
만나면 존경하라

머리를 비워두어야 다음의 것이 잘 들어올 수 있다고 한다. 그래서 일까. 나는 줄창 잊어버리기를 잘하는 건망증 환자다 보니, 새로운 것이 머리에 쏙쏙 잘 들어온다.

물질적인 계산이나 걱정거리로 머리가 그득한 사람은 새로운 무엇이 들어올 여지가 없다. 그런 때는 과감히 머리를 비워내도록 하자. 사람들은 때때로 산에 오르거나, 여행을 떠나거나, 산책에 나서기도 한다. 그런 일은 자잘한 일상의 찌꺼기를 떨쳐내고 머리를 개운하게 비워내는 데는 그만이다.

서양 속담에 이런 말이 있다. '바보 같은 사람일수록 춤을 잘 춘다'라고. 똑똑한 사람이 왜 춤을 잘 못 추느냐 하면, 똑똑한 이들은 머리로 손발을 움직이려고 하기 때문이다. 그러나 손발을 잘 움직

이려면 머리를 비워두지 않으면 안 된다. 발레리나나 피아니스트
가 지고의 예술을 만들어낼 때는 머리에 잡념이 들어있지 않을 때
다. 물론 훈련이 무엇보다 중요하겠지만, 예술행위를 할 때는 머리
가 가볍지 않으면 몰입할 수가 없다.

어린 아기를 보라. 흐리멍덩한 눈을 가진 아기가 있는지. 투명
하기 그지없다. 너무 맑아서 무엇이든 볼 수 있다. 가능성으로 가득
차 있다. 이제부터 기고, 서고, 걷고, 재잘거리고 하는 가능성으로
충만하다. 아기의 눈은 지식이 없다 해도 지혜로 가득찬 눈이다.

나는 지적 장애아로서 그림 그리는 아이를 여럿 알고 있다. 그
들과는 금방 친해질 수 있다. 그 아이들은 세상 사람한테는 없는
능력을 가졌다. 우리 같은 사람은 도저히 따라갈 수 없는 비범한
경지가 있다. 우리는 지식을 가지고 있지만 그네들이 가진 지혜는
우리의 지식을 훨씬 능가한다. 지혜가 크고, 지식이 적은 자를 존
경하라는 것은 그런 연유에서다.

지금 시대는 부족한 지식은 컴퓨터가 일정 부분 대신해주고 있
다. 하지만 지혜는 컴퓨터가 대신해 줄 수 없다. 따라서 지혜를 발
휘할 수 있는 능력이 진짜 능력이다. 그러니 지혜로운 능력으로 가
득 찬 사람을 바보 취급하는 사람은 그 자신이 바로 지혜가 부족한
어리석은 자인 것이다.

90
노자가 칭찬해
마지않은 부드러움

지금 세상에서 가장 부족한 것은 아마도 '부드러움'이 아닐까 생각한다. '부드럽고 약한 것이 얼마나 큰 힘을 가지고 있는지, 그리고 강하고 단단한 것은 얼마나 부러지기 쉬운지'라는 이야기를 한 사람이 2,500년 전에 있었다. 그리고 사람들은 이제 그 의미를 근본부터 다시 살펴봐야 한다고 생각하게 되었다. 참으로 다행이다. 노자가 칭찬해 마지않던 그 '부드러움'에 관심을 갖기 시작한 것이다.

우리가 보통 남을 칭찬할 때는 그 사람의 강인함, 능력, 이뤄낸 업적이나 실적을 칭찬한다. 그러나 이젠 아니다. '부드러움'을 칭찬하던 그 사람을 칭찬해야 할 때다. 이러한 노자의 마음은 내가 아무리 필설을 다해서 칭찬한다 해도 따라갈 수가 없다. 서양 철학이 생긴 이래 오늘에 이르기까지 '인간의 부드러움, 상냥함, 섬세함을 으뜸으로 삼고 살아라'라고 말한 사람이 어디 있었던가.

물론 예수에게도 그러한 가르침이 있기는 하다. 기독교가 인간의 부드러움이나 연약함에 눈을 돌린 점은 부정할 수 없고, 그것이 서양문화에서 인간관의 일부를 이루고 있는 것도 사실이다. 그러나 서양문명이라는 것은 철저히 남성 중심의 문화, 강한 자의 문화였다. 르네상스 이후의 유럽에서는 약한 자를 보호하는 척 시늉은 했으나, 실은 어디까지나 남성 세계의 강함만을 추구한 정복자의 문화였다. 그리고 아직까지도 그러하다. 그러나 20세기에 접어들어, 모든 경제력과 군사력을 쏟아 부은 두 차례의 세계대전을 치르면서 그런 식의 강함에 회의가 일기 시작했다. 그리하여 새삼 인간이 가진 '부드러움'에 눈을 돌리기 시작했다. 적어도 그런 기연機緣은 주어진 셈이다. 이 기연으로 말미암아 부드러움은 인간 사회에 인연으로 자리 잡을 수 있게 되었다. 그나마 다행이다.

인간이라면 누구나 어머니에게서 '부드러움'을 유산으로 물려받는다. 이미 유전자 깊숙이 아로새겨져 있는 것이다. 그러니 이제는 자신 속의 본성을 거스르지 말고 어머니의 유산인 부드러움이 내 이웃에게, 나아가 이 사회에 자연스럽게 구현될 수 있도록 다같이 마음 써주기를 바랄 뿐이다.

생명의 코드로 노자 읽기

91

어떤 동물도
자유롭고 싶은
욕망이 있다.

만약 동물이 갇혀 있는 우리의 입구를 열어준다면, 동물은 반드시 거기서 도망쳐 나온다. 어떤 동물도 갇혀 있는 걸 좋아하지 않아서, 기회만 있으면 달아나려고 한다. 자유를 향해 달아나는 것이다. 몸집의 크기나 먹는 음식이나 습성도 모두 제각각이지만, 그럼에도 한 가지 공통 점이 있다면 그건 자유에 대한 욕망이다.

그런 동물에게 가상한 점은 동물원 같은 데 갇혀 있어도, 주어진 환경에 순응해서 잘 살아간다는 점이다. 인간이라면 평생을 그렇게 갇혀 있으면 머리가 이상해지고 말지도 모른다.

그런데 거꾸로 인간은 갇힌 상태에 익숙해버리면, 자유가 주어지더라도 '이대로도 괜찮은데' 하며 자유에 대한 관심에서 멀어진다. 대체, 자유가 무엇이기에 생명 있는 모든 것들은 그토록 자유를 갈망하는 것일까. 아마도 자유라 하면 생명력이 유연하게 흐르는 상태를 말할 것이다. 또한 자유를 느끼는 상태란 자신의 생명력이 자유롭게 흘러, 몸과 마음이 해방감을 느낄 때라고 생각한다.

아이들에게 자유를 주어보라. 얼마나 신이 나서 뛰어다닐 것인지. 인간도 동물과 마찬가지로 근본적으로는 자유를 원한다. '자연스럽다'란 대지의 에너지와 하나로 어우러지는 상태를 말한다.

따라서 당신이 자기 생명의 흐름을 보고, 스스로에게 자유를 부여할 필요가 있다고 느낀다면 마땅히 그렇게 해야 한다. 그것이 자연스러운 것이다. 음식이 우리의 몸을 살리는 양식이라면 자유는 우리의 마음을 살리는 양식이니까. 이 두 가지가 자연 안에서 자연스럽게 어우러진다면 그것이 바로 노자로 통하는 길이 아니고 무엇이겠는가.

92

좋은 사람이
맛있는 것을 만든다

어느 날 아들과 함께 이나 계곡 주변을 차를 타고 가는데, 녀석이 이런 말을 했다.

"지난번에 저 과수원에서 사과를 샀는데 맛이 아주 좋던데요. 맛있는 과일을 생산하는 과수원 주인을 보면 대개 사람들이 아주 좋아요."

과연 아들 녀석다운 생각이다. 슈퍼나 가게에서 산다면 생산자를 알 수 없겠지만, 과수원에서 직접 사보면 알 수 있다.

그러고 보니 나도 생각나는 일이 있다. 집 근처에 찹쌀 전병을 아주 잘 만드는 전통과자 집이 있다. 큰길에서 약간 샛길로 접어 들어간 곳인데, 과자 맛이 정말 일품이다. 그 과자 집 부부는 내가 절로 머리가 숙여질 만큼 좋은 사람들이다. 성품이 신실信實한데다

늘 부지런하고 친절하다. 그래서 좋은 사람이 맛있는 것을 만든다는 아들의 말에 고개가 절로 끄덕여졌다.

예술이라는 것도 그렇다. 예전에는 좋은 사람이 좋은 작품을 만들었다. 성질이 못된 사람한테서는 제대로 된 작품을 기대하기 어려웠다. 내가 '못된'이라고 하는 것은 사회에서 말하는 '못된'이 아니고, 자기중심적이며 너그럽지 못한 사람을 두고 하는 말이다. 그런 사람이 좋은 예술품을 만들어 내리라고는 기대하기 어렵다.

문인화文人畵도 마찬가지다. 인간으로서 성숙하지 않으면 작품에서 기대할 것이 별로 없어 보인다. 문인화의 작업은 자신의 소양을 길러준 자연이나 풍경을 새롭게 재해석해서 그림이나 글로 표현해 내는 일이다. 따라서 그림과 시를 아울러, '나의 이상은 이런 것이다'라는 것을 보여주는 격이 높은 예술세계다. 그런만큼 넓은 세계관과 인간에 대한 사랑과 철학이 없으면 도달하기 어려운 분야인 것이다. 나는 항상 이런 생각을 염두에 두고 그 방향으로 다가가려고 애쓰지만, 아직은 한참 멀었다.

예술이란 그 일을 즐겨서 하는 사람들이 만들어낸다. 사람의 마음 깊은 곳에는 남에게 맛있는 것을 먹이고 싶은 마음이 있다. 남을 기분 좋게 만들어 주고, 남을 편안하게 해주려는 상냥함의 에너지가 있다. 바로 그런 에너지가 사람을 순수하게 고양시켜주는 예술로 나타나는 것이다. 사람들의 이목을 끌거나, 많이 팔릴 것을 목적으로 하는 행위는 예술가로서는 자격 미달이라고 생각한다.

문화는 영어로 컬처culture라고 하는데, 컬처는 밭을 '갈다耕'에서

생명의 코드로 노자 읽기

나온 말이다. 자신의 마음 밭을 갈아서 그 밭에서 키운 것을 남에게 먹인다는 뜻으로 해석된다. 제대로라면 정말 맛있다. 몸의 영양도 되지만, 마음의 영양도 된다.

끊임없이 성찰하며 마음의 밭을 가꾸는 당신은 안에서부터 빛이 난다. 지금 우리가 할 수 있는 일은 바로 그런 일이 아니겠는가.

93
자연에도
감정이 있다

이나 계곡에서 어느 날, 유난히 가슴에 남는 저녁 풍경을 본 일이 있다. 계곡의 해질 녘, 조용히 해가 저물어가는 광경은 한 폭의 그림이었다. 낮 동안에는 서로 대립하고 있던 산과 계곡이 하나로 어우러져 내 시야에 녹아들었다. 그야말로 자연의 상냥함이 그대로 묻어나는 듯한 모습이었다. '자연의 상냥함.' 글쎄, 이런 표현이 말이 될지는 모르겠으나, 그 순간에는 확실히 그와 같은 느낌을 받았다. 자연에 감정이 있다고는 누구도 생각지 못하겠지만 말이다.

그러나 자연에는 분명 감정이 있으며, 우리는 자연이라는 스승에게서 감정을 배우는 게 아닐까 하는 생각이 그 저녁에 문득 떠올랐다. 인간은 기쁨이나 슬픔을 느끼며, 화가 나기도 쓸쓸해지기도 한다. 그렇다면 이런 감정들은 대체 어디에서 배운 것일까? 생

생명의 코드로 노자 읽기

각해보면, 자연에서 배웠다고 밖에 할 수 없다. 달리 어디서 배웠겠는가?

폭풍이 한순간에 모든 것을 휩쓸어 버리는 그런 폭력이 태고적부터 인간의 몸속으로 옮겨와 폭력성이 되지 않았을까. 봄이면 우리 마음에 찾아오는 설레는 기쁨은, 봄이 자연을 통해 드러내는 환한 모습에서 보고 배운 것은 아닐까. 우리의 설렘 가득한 마음을 봄에 의탁해서 노래하는 것은 그러한 연유에서라고 생각된다.

가을의 쓸쓸함이란 시인이 사랑해마지 않는 주제인데, 그 주제에 대해서는 질릴 만큼 들어온 터다. 사람들은 생각할 것이다. 이런 노래나 시들은 인간의 쓸쓸한 마음을 자연을 빌려 노래한 것이라고. 나도 그렇게 생각했다. 그러나 그건 인간 중심적인 발상에 지나지 않는다. 거대한 자연에 깃들어 있는 온갖 희노애락을 인간이 배운 것이다. 이런 자각이 문득 깨달음처럼 한순간에 찾아왔다.

인간의 감정 저 바닥에는, 인류 전체에 깃들어 있는 '자연'에서 빚어진 감정이 고여 있는 것이다. 그렇게 생각하면 뭐랄까, 개인적인 감정이란 모든 인간에게 한결같이 골고루 퍼져 있는 공통된 감정이라는 생각이 든다. 내가 가지고 있는 슬픔은 우리 모두가 가지고 있는 슬픔이고, 나의 기쁨 또한 그럴 것이다.

'도의 작용'이란 그런 기본적이면서도 근본적인 사실을 깨닫게 하는 지혜다.

94
앞으로 30년쯤
흐른 후에는

나는 정치가도 경제 평론가도 아니다. 그냥 아무 것도 아닌 존재다. 따라서 나라의 장래 같은 건 나는 모른다. 자신의 장래조차도 모르는 위인이니까. 그래도 아마 30년쯤 흐른 후에는 일본도 좀 변해 있지 않을까 싶다.

현재 아시아 각국의 산업화는 날로 진일보하고 있어서 머지않아 일본 경제를 따라잡고, 전세가 역전될 수도 있다고 본다. 그래서 일본의 모든 산업이 내리막길로 접어들고, 가난을 맛보게 되고, 이제까지 누리고 있던 풍족함이 눈앞에서 사라지게 될지도……. 그런 다행스러운 시대가 오기를 바란다. 그렇게 되면 모두들 이나 계곡의 아름다움을 알게 될 것이다. 그런 것이 바로 균형이라고 생각한다.

생명의 코드로 노자 읽기

이제까지 풍족함은 충분히 맛보았으니, 앞으로 어떤 상황이 닥치더라도 '멋지다' 하면서 받아들일 수 있는 것, 그것이 진정한 균형이다.

나도 지금은 겁 없이 큰소리를 치고 있지만, 정작 일본이 가난한 나라가 되면 내가 제일 먼저 쫓겨나는 신세가 될 것이다.

95
새는
양쪽 날개로 난다

당신이 스스로 균형을 잘 잡고 싶다면, 우선 자신의 생명을 중심으로 생각할 일이다. 그리고 당신이 어떤 식으로 균형을 잡으면서 자신의 생명을 보존하고 있는지를 먼저 볼 일이다. 당신의 생명을 중심에 놓으면, 자신의 균형이 보이게 될 것이다. 당신의 생명은 자신의 몸으로 느끼지 않으면 제대로 알 수 없다.

우리는 누구나 귀중한 생명을 부여받았지만, 무언가 위험에 처하거나 병에 걸렸을 때라야 생명의 존재를 알아차린다. 평소에는 대수롭게 여기지도 않고 있다가. 하지만 어쩌다 조용히 혼자가 되었을 때, 자신 속의 생명이라는 것이 보이게 될지 모른다. 설령 생명은 보이지 않더라도 생명이 부족한 부분은 보이게 될 것이다. 그럴 때면 생명을 중심으로 한, 자신의 균형을 들여다보자.

생명의 코드로 노자 읽기

새를 보라. 한쪽 날개만으로 나는 새를 본 적이 있는가? 반드시 양쪽 날개로 절묘하게 균형을 잡으며 날지 않던가. 오른쪽 날개, 왼쪽 날개를 물 흐르듯 움직이면서 유연하게 날아간다. 균형만 잘 잡혀 있으면 날개의 움직임 없이도 공기를 타고 날아간다. 하늘에 떠있는 독수리를 상상해보자. 양 날개를 쫙 편 채, 날갯짓 하나 없이 하늘을 가볍게 떠있는 모습을. 이처럼 균형은 생명이 가장 잘 흐르는 상태다.

생명은 한 쪽이 힘이 들면, 반대편으로 도망을 친다. 그러니 짐이 무거우면 일단 내려놓자. 위를 너무 많이 올려다보았다면 아래를 보자. 균형을 소중히 생각하자는 말이다. 균형을 소중히 하는 것이 곧 생명을 소중히 하는 일이므로. 그런데 우리는 너무 요란하게 날갯짓을 많이 한다. 생명을 중심으로 양쪽 날개를 활짝 펴고 난다면 요란한 날갯짓을 하지 않고도 편안히 날 수 있다.

그리고 자신을 소중히 함으로써 자신의 생명이 보인다면, 다른 사람의 생명도 소중히 여기게 된다. 다른 사람의 생명도 존중하게 되는 것이다. 그것이 살아가는 보람이 되어 타인을 사랑하는 데까지 이어진다면 보다 큰 공존이라는 힘으로 번져갈 것이다.

이러한 일이 단숨에 가능해지지는 않겠지만, 그런 일도 할 수 있는 자신이라는 사실을 기억하기 바란다.

96

지금만큼 인생을 고맙게
느끼며 살았던 때는 없었다

한 달 전쯤 발리 섬에 갔었다. 바다로 이어지는 한적한 좁은 길을 걷고 있었다. 가게가 두어 채 있을 뿐, 나머지는 모두 어부들의 집이었다. 많은 아이들이 뛰어노는 게 보였다. 그런데 아이들은 너나없이 이 집 저 집으로 마음대로 들락거렸다. 때때로 어른들은 자신의 집에 와 있는 아이가 어느 집 아이인지 모를 때도 있다고 한다. 나중에 제집으로 찾아들어가는 걸 보고서야, '아, 쟤는 저 집의 아이로구나' 하고 비로소 안다는 것이다.

그런 분위기는 내가 어릴 적 가보았던 어느 바닷가 어촌 풍경과 비슷해서 마음이 무척 따뜻해졌다. 바닷물은 맑고 깨끗하고, 해변을 따라 소나무 숲이 길게 이어져 있었다. 아침에 해변으로 나가면 어부들이 밤새 쳐두었던 그물을 끌어올렸다. 곁에서 힘을 보태

같이 끌어올려주면 양동이 가득 생선을 담아주었는데, 발리에서도 그렇게 하고 있었다. 문득 어린 시절이 그리워졌다. 사실 세상이 요즘처럼 달라진 것은 불과 최근 4, 50년 사이의 일이다. 때문에 우리 속에 뿌리박힌 의식은 아직 다 사라지지 않았다. 전쟁으로 뒤죽박죽이 된 이후 세월이 많이 흐르긴 했지만, 그래도 우리 생활 속의 모습이나 정서는 어딘가에 살아서 이어내려오고 있다. 많이 달라지긴 했어도 말이다.

물론 문명이란 것이 편리하기도 하고 참으로 대단하다는 생각도 든다. 요즘은 계산적인 일은 모두 컴퓨터가 대신해주니까 21세기 인간은 점점 바보가 될 것이라고들 한다. 그런 현상은 나로서는 실로 바람직한 균형이라고 생각한다. 온통 컴퓨터에 맡겼다가는 바보인간이 되니까 안 된다고 걱정하는 목소리가 있는데, 실제로 그렇기는 하다. 물건을 사고도 거스름 돈이 얼마인지를 모른다. 뺄셈을 할 수 없어서 그렇단다.

하지만 나로선, 이건 아주 바람직한 현상이라고 생각한다. 그런 계산적인 일쯤을 기계에 맡겼다고 해서, 인간의 두뇌는 조금도 녹슬지 않는다. 두뇌 문제라면 걱정하지 않아도 된다. 좌뇌를 사용하지 않는 그만큼 우뇌를 더 쓰면 되니까.

지금 우리 시대는 좌뇌 만을 줄곧 혹사하다시피 써왔으니까, 우뇌는 그저 놀고 있는 형국이었다. 우뇌는 감정과 창의력이라고 하지 않는가. 이런 때 예술적, 창의적인 면에 힘을 기울여 우뇌를 싱싱 돌아가게 하는 것도 좋은 일이다. 그러니 좌뇌가 녹슬까봐 걱징하기보다 어떻게 하면 우뇌를 더 쓸까에 머리를 써보자.

우리는 눈에 보이는 사회가 전부인 세계에 살고 있는 것 같지만, 우리 발밑에도 머리 위에도 또다른 커다란 세계가 있다. 눈에 보이는 이 사회 속에 있는 게 다가 아니라는 말이다. 그렇다고 사회를 버릴 필요는 없다. 그저 창만 조금 열면 된다. 창문을 열어두면 멋진 것들이 흘러들어 올 것이다. 이미 그런 좋은 시대에 와 있지 않은가.

내 어린 시절엔 진짜 부자밖에는 차를 갖지 못했다. 오늘날은 건달들도 벤츠를 몰고 다니는 시대가 아닌가. 일종의 평준화가 실현된 좋은 세상이다. 상류계급이라든가 하층민이라는 의식 따위는 하지 않고도 살 수 있다. 실로 인류 역사 이래 일찍이 없었던 일이다. 이런 때에 불황이 어떻고 하면서 지레 겁을 먹고 몸을 사리는 사람은 어리석다. 지금만큼 인생을 고맙게 느끼며 살 수 있던 때는 없었을 것이다.

세계적인 인구과잉은 두려운 문제긴 하나, 지금처럼 발달된 문명을 잘 이용한다면 그 문제도 지혜롭게 해결할 수 있으리라고 본다. 국가와 정치에 대한 인간의 마음가짐이 바뀌고, 각자가 마음을 열어둔다면, 머지않아 그런 것들도 해결 가능한 시대가 올 것이다.

그렇다 해도 앞으로 얼마간은 시간이 필요하다. 시간의 경과에 맡기는 것은 크나큰 '도의 이치'에 따르는 일이다. 기다리지 못하고 무리하게 무언가를 하려 들기 때문에 전쟁이 일어나는 것이다. 뭐, 나 같은 위인은 정치 같은 건 잘 모르니까, 좀 더 넓은 시야를 빌려볼 수밖에 없지만.

평소 바쁘게 움직이던 다리도 쉴 겸, 천천히 걸어보자. 그러면 지금까지 보지 못했던 것이 보이기 시작하고, 들리지 않던 것이 들리게 될 것이다. 오감이 순수한 제 감각을 다시 회복하는 것이다. 냄새에서 맛에서 공기의 감촉에서……. 주변의 모든 것에서 이제까지와는 다른 무언가를 느끼게 될 것이다. 새로운 어떤 것이 자기 속에서 되살아날 것이다. 이렇게 좋은 세상이란 다시없을 듯하다.

창문을 열어둔 사람은, 마음의 창을 열어둔 또 다른 사람과의 교류가 가능해질 것이고, 그리하여 서로 다른 에너지가 흐르게 될 것이다. 그런 것이 바로 사랑이 아니겠는가.

97

보다 잘 산다는 것은
'즐기는' 것이다

노자가 세상에 대해 느낀 것 가운데 하나가 인간에 대한 애처로운 마음, '연민'이다. 온갖 것에 쫓기면서 아등바등하거나 괴로워하는 인간을 바라보며, '애써 특출한 존재로 세상에 나왔건만, 그 사실도 깨닫지 못하고 어찌 저 정도로밖에 살지 못 하는가'라며 안타까워하는 노자의 마음이 느껴진다.

이러한 연민은 아마 예수나 석가, 다른 정신적 지도자도 공통된 마음이었으리라 생각한다. 영적으로 최고의 수준에 이른 존재들은 모두 그렇게, 인간을 딱하게 여기는 것 같다. 그렇게 밖에 인간 존재의 고귀함에 대해 설명할 길이 없다.

지금 나는 잘났다는 듯 말하고 있는 것 같아도, 실은 나 자신이 가장 연민을 받아야 할 인간이다. 지금 우리 사회는, 인간이 사회

생명의 코드로 노자 읽기

의 정밀한 기계이며, 자기가 기계인 그 사실을 억지로 깨닫도록 한다. 하지만 인간은 내면에 훌륭한 품성을 지니고 있다. 인간은 자연이 만든 것 가운데 가장 우수한 걸작품이 아닌가.

이제 우리는 '자연이 인간을 이렇게 출중하게 만들어 주었는데, 왜 이정도로밖에 살지 못하는가'라는 노자의 연민에 응답해야할 때가 되었다고 생각한다. 그 응답은 우리가 보다 잘 사는 것으로써 답해야 할 것이다. 여기서 보다 잘 산다는 것은, 간단히 말하면 '즐기는' 것이다. '지금'이라는 시간을 유감없이 즐기는 것이다.

단, 여유가 없다면 실천하기가 쉽지 않다. 그런 모순이 있기는하다. 우리는 기꺼이 즐기고 싶다. 하지만 다른 한편으로 먹고 살지 않으면 안 되는 것이다. 먹거리 걱정에서 해방되어야 비로소 기뻐하며 즐길 수 있다. 그러나 다행스럽게도 현대문명은 인간을 '먹을거리에 쫓기던 존재'에서, 그 단계를 넘어 '자각하는 존재'라는 자리까지 끌고 왔다.

그런 의미에서 우리는 지금 아주 적절한 시점에 와있는 셈이다. 기쁨 앞에 솔직해져서, 마음으로부터 기쁨을 받아들여야 할 시점에 말이다. 얼마나 다행스러운 일인가.

98

우리가 모르는 부분,
언어로는 말할 수 없는 부분

'아름다운 것은 추한 것이 있으니까 아름다운 것이다'라는 이야기는 앞에서도 언급한 바 있다. 그런데 이러한 대립적 이원론의 세계를 넘어선 저 너머에 또 다른 세상이 있다는 인식을 끝까지 파고들어가면, 마지막에는 삶과 죽음은 별개의 것이 아니라는 인식까지 이르게 된다. 그곳은 우리가 모르는 부분, 언어로는 도저히 말할 수 없는 부분, 즉 우리가 나온 부분이다.

우리는 알지 못하는 곳으로부터 와서, 알지 못하는 곳으로 다시 돌아간다. '알고 있다'는 것은 '알지 못한다'라는 거대한 영역의 일부분으로서 겨우 '알고 있다'는 것이며, '알지 못한다'라는 엄청나게 커다란 부분에 의지해 떠있을 뿐이다. '알고 있다'는 것은 '알지 못한다'라는 큰 바다에 일렁이는 실로 미미한 한 조각의 포말에

생명의 코드로 노자 읽기

지나지 않는다.

자기가 알고 있다고 하는 사실은 '커다란 바다에 떠있는 한 방울의 기름' 정도인 것이다. 이러한 사실을 우리 모두는 전혀 모르고 있다.

자신은 이름 없는 '무'의 바다에서 정말 사소한 한 방울의 물에 지나지 않는다는 인식……. 그러나 이것은 엄청나게 큰 것과 이어지는 한 방울이다. 인간만이 이러한 인식을 가질 수가 있다. 어쩌면 다른 동물이나 식물도 그런 인식을 가졌을지 모르나, 거기까지는 아직 알지 못한다.

아무튼 깊은 사색을 통해 깨닫게 되는 사실은 '우리가 알지 못하는 끝없이 넓은 미지의 부분이 있다'는 것이다.

99

아름다움과
부드러움

우리는 지금 아름다움, 부드러움, 즐거움에 대한 진정한 의미를 서로 나누며 이웃에도 널리 전하려 하고 있다. 그러다 보면, 이윽고 다른 나라에도 그 의미가 서서히 전해지리라 믿는다. 그 외에 달리 우리가 세상에 전할게 무엇이 있겠는가.

힘으로 싸워 이기기엔 세상은 너무 커져버렸다. 지적인 면에서도, 다른 나라 사람의 머리 회전의 빠르기나 기지, 호기심, 적극성, 그런 것들을 이기기 어렵다. 하지만 그런 지적인 것만으로는 진정한 의미의 행복에 도달하기는 어렵다고 본다.

일본은 오래 전부터 아름다움이나 부드러움에 대한 감성이 뛰어났다. 고대 시가집인 『만요슈』에 나타난 소박하고 꾸밈없는 감정, 헤이안 시대의 여성 문인들이 『겐지 이야기』를 비롯한 수많은 작품에서 보여준 시적인 감수성이나 아름다움에 대한 감각은 시대를 뛰어넘어 지금까지도 가슴을 울리는 바가 크다. 이들 작품에서 보여준 부드러움 속에 내재된 조화의 정신이랄까, 풍부한 감성을 좀 더 밖으로 표현했으면 하는 것이 나의 바람이다.

100
사랑의 가장 깊숙한 곳에는
자유가 있다

달라이 라마는 이런 말을 했다.

'종교는 모두 같은 것을 전하려고 한다. 그건 사랑의 따뜻함, 그리고 정직함이다'라고.

여기서 말하는 정직함이란 자신에 대한 정직함이다. 자신의 양심, 자유의지, 그런 것에 거스르지 않는 정직함이다.

어떤 것이 최고라 해서 억지로 밀어 붙인다면, 그것조차도 문제를 일으킨다. 그러니까 아무리 좋은 철학이나 사상, 심지어 사랑조차도 무리하게 강요하면 역효과가 나는 법이다. 이런 사실을 알고 있는 달라이 라마는 역시 대단한 사람이라는 생각이 들었다. 나는 이제까지 깨닫지 못했던 부분이다.

또한, 강요받는 상황에서 '싫다'고 말할 수 있는 것이 '자유'라고 한다. 아무리 맛있는 것이라도 '더 먹어라, 더 먹어라' 하면, 먹기 싫어지는 것이 사람의 마음이다. 이 간단한 이치를 우리는 깨닫지 못하고 있다. 아무리 좋은 것이라도, 설령 최상의 것이라도 '억지로 강요받고 싶지 않다'는 감정은 나라나 시대에 관계없이 모든 사람에게 공통인 모양이다. 신기하게도 자유 의지에 대한 인식은 세상 어느 곳에든 널리 퍼져 있다는 반증이 아니겠는가.

우리 인간은 다양한 욕망이나 경쟁심을 유전자에라도 새기고 나온 듯, 좀처럼 그것을 넘어서지 못하고 있다. 그러나 그 유전자조차도 환경에 따라서 좋은 방향으로 변할 수 있다고 한다.

그 유전자 깊은 곳에는 사랑이 있으며, 좀 더 깊은 곳에는 자유가 있는 게 아닌가 하는 느낌이 든다. 그렇다, 사랑의 가장 깊숙한 곳에 있는 것은 분명 자유일 것이다.

생명의 코드로 노자 읽기

초판 1쇄 인쇄일 2018년 7월 20일
초판 1쇄 발행일 2018년 7월 25일

역자 윤현희

발행인 이상만
발행처 마로니에북스
등록 2003년 4월 14일 제 2003-71호
주소 (03086) 서울특별시 종로구 대학로 12길 38
대표 02-741-9191
편집부 02-744-9191
팩스 02-3673-0260
홈페이지 www.maroniebooks.com

ISBN 978-89-6053-555-8 (03100)